Digital Finance

数字金融

塑造中国金融新格局

中关村互联网金融研究院
中关村金融科技产业发展联盟 | 编著

中国人民大学出版社
·北京·

图书在版编目（CIP）数据

数字金融：塑造中国金融新格局／中关村互联网金融研究院，中关村金融科技产业发展联盟编著.－－北京：中国人民大学出版社，2023.7
ISBN 978-7-300-31724-3

Ⅰ.①数… Ⅱ.①中… ②中… Ⅲ.①数字技术－应用－金融业－研究－中国 Ⅳ.①F832-39

中国国家版本馆 CIP 数据核字（2023）第 090557 号

数字金融——塑造中国金融新格局
中关村互联网金融研究院
中关村金融科技产业发展联盟 编著
Shuzi Jinrong——Suzao Zhongguo Jinrong Xingeju

出版发行	中国人民大学出版社			
社　　址	北京中关村大街 31 号	邮政编码	100080	
电　　话	010－62511242（总编室）	010－62511770（质管部）		
	010－82501766（邮购部）	010－62514148（门市部）		
	010－62515195（发行公司）	010－62515275（盗版举报）		
网　　址	http://www.crup.com.cn			
经　　销	新华书店			
印　　刷	德富泰（唐山）印务有限公司			
开　　本	890 mm×1240 mm　1/32	版　次	2023 年 7 月第 1 版	
印　　张	6.75 插页 2	印　次	2024 年 6 月第 2 次印刷	
字　　数	130 000	定　价	59.00 元	

版权所有　　侵权必究　　印装差错　　负责调换

前言

PREFACE

金融科技运行及发展趋势

一、2022年总体情况

2022年，金融科技进入缓慢增长的修正整合阶段。各国在金融科技关键底层技术上加快布局，大力发展数字金融，并高度关注数据价值的体现，对绿色金融、普惠金融、元宇宙等领域持续加大投入；跨国合作和监管力度加强，跨境交易安全成为关注焦点。中国金融科技经过前期爆发式增长，行业法规、标准逐渐完善，产业逐步进入更加规范的发展阶段，对金融科技应用的识别、管理更加严格。金融科技不断实现与数字经济的深度融合，助推科技创新与核心竞争力提升。

中国金融科技继续全球领先，金融科技市场规模、投融资规模持续扩大。在政策监管端，央行、银保监会等部门出台了多项政策，对金融科技各细分领域的发展提出了更为严格的要求，有助于金融科技规范化发展。同时，我国金融科技实力较强的城市/省份亦加大了金融科技支持力度，采取多种措施促进金融科技发展。

2021年是"十四五"开局之年，中国金融科技的技术属性愈发凸显。以人工智能、区块链、云计算、大数据为代表的信息技术产业规模不断扩大，物联网设备连接数持续攀升，网络安全保障力度显著提升，为传统金融机构建立了高效安全的信息基础设施。各细分技术领域纷纷加快关键核心技术攻关，为中国金融科技行业的持续发展提供了核心驱动力，同时也提高了金融科技在业务中的渗透程度。在政策、技术和客户需求个性化等因素的促进下，银行、保险、证券等金融业数字化转型进一步加快，金融科技投入持续增加，加大技术和人员投入、提升自身核心竞争力成为金融业数字化转型的主要方向。

（一）银行业数字化发展情况

2022年以来，央行、银保监会等部门相继出台了多项政策文件，加大对银行业数字化转型的支持力度。其中，《金融科技发展规划（2022—2025年）》《关于银行业保险业数字化转型的指导意见》等政策文件，对银行业强化金融科技投入、加快数字化转型提出了较高要求。

2022年股份制银行科技投入增速不断加快，科技人才增速保持两位数增长。中信银行、光大银行、招商银行、民生银行、平安银行、渤海银行等6家股份制银行年报显示，2022年共投入科技资金达419.4亿元，同比增加6.31%。金融科技人才队伍不断壮大，科技人员数量和占比不断扩大，截至2022年末，光大银行科技人员

3 212 人，占全行员工的 6.75%，同比增速达 36.04%。整体来看，银行业数字化转型加快，金融科技投入及占营收的比例逐年增长，金融科技人才队伍不断壮大。

当前，市场需求持续改变，银行客户趋于年轻化，客户行为向线上化、个性化转变，同时，长尾客户金融需求的提升进一步加大客户对线上渠道的依赖，丰富银行的个性化服务。此外，金融科技公司、互联网平台等新市场参与者从供给端匹配符合消费者需求的数字化产品及服务。新冠疫情的暴发导致商业银行盈利能力下降，运营成本持续承压。同时，银行传统经营模式粗犷、组织结构复杂、管理模式低效，导致商业银行市场竞争力下降、客户流失率上升。在此情况下，银行需要加快推动转型，优化银行的运营模式，利用数字化手段、智能化网点来优化资源配置，降低银行的运营成本，进一步提升银行发展水平。

（二）保险业数字化发展情况

2022年，在监管政策和内生转型需求的推动下，保险业加快数智化转型，组织架构不断创新，协同化管理加速，科技应用持续深化。同时，保险行业科技投入快速上升，未来仍有较大的提升空间。保险业应将数字化转型提升到战略高度，强化业务融合与协同，持续加大研发投入，提升数智化发展水平。

为应对数智化转型要求，保险行业逐步创新组织结构，设置首席数字官并成立技术研发部门，创新激励机制，更加主动地融入数智化转型进程。同时，保险业数字化体系建设从企业内部的运营管理、风险控制平台建设，逐步向外部客户服务延伸，注重交付机制的敏捷性转型，实现内外部数字化建设协同。随着行业竞争加剧，保险业不断深化金融科技应用，并加大技术投入开发业务中台、信息共享平台、数据云平台等专业化应用，同时探索将人工智能、区块链、物联网等技术应用于业务流程中。

预计2023年中国保险机构科技投入将达到546.5亿元，同比增长14.5%。从投入比例来看，中国保险行业科技投入仅占保费收入的0.75%，与同期发达国家相比仍存在巨大的提升空间。预计未来几年保险业金融科技投入仍将保持近15%的增长速度。[1]

未来，保险公司将把数字化转型提升到战略高度，通过做好战略规划，重视业务数字化转型和差异化发展。业务部门要强化业务融合与协同，引入数字化思维，形成以技术手段解决业务问题的思维能力，并与科技部门合力，共同推动业务流程数字化再造。科技部门要树立业务思维，了解业务的底层逻辑，与业务部门共同设计数字化产品的演进路径，推动业务流程优化。《关于银行业保险业数字化转型的指导意见》强调，要建立能够快速响应需求的敏捷研发运维体系，积极引入研发运维一体化工具，建设企业级一站式研发协同平台。因此，中小型保险公司要加强技术研发能力建设，强化资源投入、优化人才结构，建立自主技术

---

[1] 艾瑞咨询.

研发能力,增强自身的核心竞争力。

(三)证券业数字化发展情况

2022年以来,央行、证监会等发布多项政策,强化金融科技赋能,推动证券行业加快数字化转型。2022年1月,《金融科技发展规划(2022—2025年)》提出,运用"数据+技术"打造数字化劳动力,实现全价值链、全要素优化配置,培育技术先进、研发敏捷、渠道融合、决策精准、运营高效的创新发展动能,构建以用户、场景为中心的金融服务体系,全面提升数字时代企业核心竞争力。2022年4月,《关于加快推进公募基金行业高质量发展的意见》提出,强化科技监管赋能,抓紧推进监管系统建设,提高非现场监测的及时性、有效性,增强从苗头性、系统性角度发现问题的能力。2022年6月,《私募投资基金电子合同业务管理办法(试行)》提出,从事电子合同服务业务的机构具备完善的防火墙、入侵检测、数据加密等网络安全设施和管理制度,能够有效防止数据外泄和外部非法入侵。

近年来,证券业数智化转型的重心逐步由零售经纪业务扩展到中后台业务领域,证券公司信息科技投入逐年增加,推动证券公司持续降本增效,提升核心竞争力。

证券业数智化的投入稳定增长。2022年,中金公司、东北证券、广发证券、华泰证券等11家券商金融科技投入同比增长超过20%,其中东北证券金融科技投入增长达到75%。在金融科技投入金额方面有7家上市券商投入超10亿元，其中华泰证券2022年金融科技投入高达27.2亿元。2022年证券行业的金融科技平均投入金额占平均营业收入的比重接近6%，其中华泰证券、中信证券、中金公司、中信建投等头部券商已远超6%。证券行业的金融科技人才数量不断增加，其中华泰证券、中金公司、中信证券、招商证券以及中信建投金融科技人员已超千人，2022年金融科技人才数量平均增加50名，其中中信证券新增322名居首位，其次是东方证券、中金公司、广发证券，分别为242、181、135名，金融科技人才的员工占比不断增加。

未来，证券业应进一步强调数字化转型的重要性，强化金融科技在业务流程优化、金融产品设计、金融交易等过程中的应用，增进管理人员对前沿技术的了解，健全创新激励机制，将数字化转型的意识灌输给公司全体人员，并通过与金融科技企业合作的方式，持续创新数字化转型理念。加强金融科技的应用，助力证券公司提升底层资产质量和风险控制能力，增强企业核心竞争力。数字化战略的驱动和金融科技的应用将强化证券公司智能投研能力，提升对底层资产的筛选能力，构建资管竞争力，同时实现为客户提供陪伴式服务，挖掘长尾客户价值，为客户提供更加优质的资产服务。

（四）信托业数字化发展情况

信托业是我国最大的非标投资行业，近年来国内出台的政策要求信托行业回归本源，压降信托"通道"业务规模，推动信托产品打破刚性兑付，开拓多样化的产品渠道和服务范围，提高风险控制水平，强化对底层资产的管理。在政策推动下，信托业逐步向客户服务转型，对信托公司智能化投研能力、智能风控水平、在线服务能力等提出了较高要求。

在资产端，为强化对风险的管控，信托行业需要有效挖掘重点项目，并做好过程管理和后续服务。信托行业亟须通过数字化手段，构建一个覆盖资产管理全流程的数字化尽职管理体系。因而，信托行业对数字化转型的需求较大。通过利用人工智能、大数据等技术将获客方式从线下转移到线上，可以实现精准获客和营销，降低获客成本。同时，数字化技术的应用有助于实现智能风控、客户体验优化、为客户提供个性化资产配置方案等，提升信托公司的核心市场竞争力。

目前，信托业利用金融科技手段，逐步朝资产管理、服务信托、私募投行等方向转型，不断提升客户服务能力、优化业务流程、降低运营成本。信托产品是非标产品，在投资研究、产品设计、清算运营等方面，与标品有较大区别，对科技应用提出了较高要求。因此，信托业需要通过强化金融科技应用，进一步提升业务效率和风险控制能力，强化资产管理能力，满足客户的财富保障与传承、资产配置等需求。信托公司需要进一步加强金融科技的应用，提升其业务管理、资金清算、风险控制等平台的智能化水平，实现对客户需求的快速响应，满足客户个性化的资产配置需求，提高运营效率,为客户提供更加优质的财产保障、传承、分配等服务。同时,金融科技的应用有助于信托公司为客户提供更加定制化的服务,实现客户服务"千人千面",提升客户服务体验。

二、中国金融科技发展趋势

(一)金融业数字化将从"量变"走向"质变"

随着金融科技不断更新迭代,数据的互联互通机制逐步完善,创新共赢将突破地域、行业、社会限制,造就科技共享、利益共分的金融科技新时代。金融机构的数字化进入由"量变"到"质变"的新阶段,智慧金融、元宇宙金融成为未来金融发展的新趋势。与此同时,"技术+金融"的深度融合,将重塑金融服务模式——由"在线"的单项业务模式转向以用户、场景为中心的沉浸式"在场"服务模式。

(二)数字技术的融合发展,将加速带动上层业务深度融合

随着大数据、人工智能、区块链、云计算、物联网等数字技术的深入挖掘,融合效应更加明显,"ABCDI"逐渐转化为"A×B×C×D×I",技术的创新乘数效应取代各项技术的单点突破。同时,随着技术融合的加快,下游金融应用场景会不断拓宽,用户管理、产品定价、渠道营销、运营模式等业务场景将发生重大变

革，金融科技生态会更加完善。

(三) 跨链互通与隐私计算的融合发展，为实现数据的价值提供路径

针对当前阶段不同机构、不同行业独立建设区块链而形成新的"数据孤岛"的问题，跨链互操作技术成为下一阶段区块链研发的重点方向。当前，各链普遍存在的技术路线和标准差异，要求在技术选型、接口支持和隐私保护等方面制定相互兼容、扩充性好的标准，打通割裂的区块链系统，解决链下、链间以及应用间的数据互联互通问题。在互通过程中，为保证数据互通时数据资产能够安全有效地流通和共享，需要进一步借助隐私计算实现数据的可用不可见。区块链与隐私计算技术进行融合可以整合双方的优势，在提供隐私保护的同时增加数据的可用性，真正实现数据的价值。

(四) 元宇宙将为金融行业创新发展带来新的突破口

当前，金融机构之间服务和产品同质化严重，在机构纷纷寻求发展各自优势的努力中，元宇宙将成为企业脱颖而出的一把"利器"。从场景、互动到消费，元宇宙在场景上的叙事能力将发挥作用，而以 ChatGPT 为代表的生成式大模型技术将进一步提高金融服务的主动性和互动性。虚实结合的空间构造支持打造虚拟金融中心，沉浸式环境将提升金融机构获取客户与推销产品的效果。

(五) 加强科技伦理治理，建设多方共治的金融科技伦理体系

2022年中国人民银行发布《金融领域科技伦理指引》，强调加强金融科技伦理建设，促进创新与防范风险相统一、制度规范与自我约束相结合原则，健全多方参与、协同共治的金融科技伦理治理体系。一方面，加快建立与金融体系相适应的主体行为规范；另一方面，进一步加强在数据安全、个人隐私保护、消费者权益、技术应用风险以及价值共享等方面的监督与管理，探索多方参与的金融科技伦理制度规则和治理体系。

(六) 数字技术全方位赋能绿色金融

数字技术在绿色金融领域的全方位运用，将更好地服务于绿色信贷、绿色债券、绿色保险、碳金融等金融产品和服务，推动科技金融服务业务线上化、智能化，优化场景应用，同时推动科技金融精准融资、加速资本高效对接，并对环境效益和转型风险进行监测分析。未来，随着技术手段的丰富和应用融合的深化，对数字技术和绿色金融场景融合的探索将进一步扩大，形成数字科技与绿色金融深度融合的良好生态，显著降低金融机构的绿色识别和风险管理成本。

刘勇　中关村互联网金融研究院院长
刘宝进　中移动金融科技有限公司副总经理

目 录
CONTENTS

第1篇
机遇与趋势

数字经济时代的金融科技发展　　003
一、数字经济的逻辑体系和思维模式　　003
二、数字经济发展趋势　　006
三、数字经济时代如何促进金融科技的发展　　010

金融与科技的融合发展　　013
一、金融与科技在相互融合中发展　　013
二、金融与科技的解构、重新分工融合与重构　　014
三、中小银行数字化转型思考　　020

供应链金融的数智化发展　　027
一、供应链金融发展现状　　027
二、供应链金融的核心要素及面临的挑战　　029
三、供应链金融稳定持续发展的路径　　030

绿色金融的高质量发展　　035
一、何谓"绿色金融"　　035

二、绿色金融的新特点	039
三、高质量发展绿色金融的重要支撑	042
四、高质量发展绿色金融的实施路径	045

金融机构数字化转型新机遇 049
一、行业发展大势前瞻 050
二、金融机构数字化转型的新机遇 052

| 第2篇 |

技术与路径

Web 3.0 数字新生态 067
一、元宇宙是数字经济的新引擎 068
二、元宇宙是数字共识生态的集成逻辑表达 071
三、元宇宙是以区块链为核心的 Web 3.0 数字生态 075

元宇宙金融 083
一、元宇宙的经济体系 084
二、元宇宙世界的金融 086
三、金融的元宇宙世界 091
四、元宇宙金融的未来 094

数据要素的流通与共享 097
一、数据要素流通与共享的国家及行业背景 097
二、金融行业数据要素流通与共享现状 101

  三、工商银行在推动数据要素流通与共享方面的探索　　105
  四、推动数据要素流通与共享的建议　　109

金融元宇宙　　111
  一、为什么会出现元宇宙　　111
  二、元宇宙的发展趋势　　114
  三、数字金融服务新范式　　115
  四、避免三个认知误区　　117
  五、未来展望　　118

开放融合智能的保险生态　　121
  一、"开放"——构建以API技术为基础的开放平台　　122
  二、"融合"——构建"数字人保"原子化服务生态　　124
  三、"智能"——构建城市万象云平台实现风控数字化　　125

人工智能与智慧金融　　129
  一、智慧金融的建设背景　　130
  二、AI技术赋能金融数字化转型　　133
  三、智慧金融的建设路径　　136
  四、未来展望　　138

商业银行碳账户　　141
  一、碳普惠制与碳账户的理论基础　　142
  二、推行个人和企业碳账户的重要意义　　144

三、国内外关于碳账户的具体实践　　146
四、我国碳账户发展面临的困难与挑战　　148
五、发展商业银行碳账户的政策建议　　151

数字化赋能"专精特新"中小企业　　155
一、中国专精特新"小巨人"　　156
二、中国单项冠军企业　　157
三、德国隐形冠军的标准　　158
四、中国中小企业的建设　　159
五、建议与展望　　160

| 第3篇 |

监管和治理

数字经济下的数字金融监管　　165
一、数字经济的发展要求金融业提供精准服务　　166
二、数字经济高质量发展要求金融业提供风控科技支撑　　169
三、数字经济与数字金融融合发展要求有效的金融监管　　171
四、规范发展数字经济的建议　　172

平台经济的创新与治理　　175
一、平台经济发展概述　　175
二、平台经济的监管与治理　　181

从金融科技治理到金融伦理建设   187
一、金融科技的演进与风险挑战   187
二、金融科技发展需要加强治理   189
三、以金融科技生态完善作为核心   191
四、以金融科技伦理建设作为抓手   192

第1篇

机遇与趋势

数字经济时代的金融科技发展

王汝芳[①]

2022年1月,习近平总书记在《求是》杂志发表题为《不断做强做优做大我国数字经济》的重要文章,强调发展数字经济意义重大,是把握新一轮科技革命和产业变革新机遇的战略选择。同时,国务院印发了《"十四五"数字经济发展规划》,就推进数字经济更好发展作出部署。当前我国正在加速进入数字经济时代,需要以数字经济的逻辑和思维综合考虑金融需求及其发展趋势才能更好推进金融科技发展。

一、数字经济的逻辑体系和思维模式

数字经济是继农业经济、工业经济之后的主要经济形态,是以数据和信息资源为关键要素,以现代信息网络为主要载体,以信息通信技术融合应用、全要素数字化转型为重要推动力,促进

[①] 王汝芳,中关村互联网金融研究院首席战略专家,第十四届全国政协委员,九三学社中央研究室主任。

公平与效率更加统一的新经济形态。马克思曾经讲过,"各种经济时代的区别,不在于生产什么,而在于怎样生产,用什么劳动资料生产"[①]。伴随着关键生产要素的变化,在数字经济时代,人们的生产、生活方式已经并将持续发生巨大变化,这必将导致经济社会发展的逻辑体系和人们的思维模式发生改变。数字经济的逻辑体系和思维模式有如下三个特征。

(一)万物皆数

数字时代,万物互联,万物都可变成数据,数据无处不在,时刻在流动和碰撞,蕴藏着决策方向和财富密码。农业经济时代,生产要素包括土地、劳动力、资本,劳动生产率主要取决于劳动者的体力,土地是农业发展的重要基础。工业经济时代,企业家也成为生产要素,生产分配主要按自然资源(包括通过劳动形成的生产资料)的占有来进行,机器的发明及运用成为这个时代的标志。数字经济时代,数据成为关键生产要素,其发展速度之快、辐射范围之广、影响程度之深前所未有,推动生产方式、生活方式和治理方式深刻变革,既赋能已有的产业,即所谓产业数字化,而数字本身也成为重要的产业,也就是数字产业化。

(二)一切皆算法

算法是用系统的方法处理数据、解决问题的策略机制,是用

---

① 马克思.资本论:第1卷.北京:人民出版社,2004:210.

来解决特定问题的一系列步骤。特定算法可以在特定的时间内解决特定问题，它有三个重要特性：有穷性、确切性、可行性。数字经济时代，任何现象和实体的价值都在于对数据处理的贡献，都可以归结为算法。经济体系是一个数据处理系统，其机制是收集关于欲望和能力的数据，经过计算转化为决策。市场经济是分布式数据处理，计划经济是集中式数据处理。现代企业就是一套高级算法，经过一系列的经营管理活动，将人、财、物等社会资源转化成具有使用价值的社会产品，然后通过市场交换和互相连接提高全人类的生活水平（见图1）。

原始社会 → 农耕时代 世界是"神"的世界 → 工业时代 世界是人的世界 → 信息时代 世界是算法的世界 →

图 1

(三) 数字思维为本

数字思维，简单地讲，就是以数字的方式认知世界，即以数字为核心生产要素，以数字经济为引擎，系统而不是局部地认知事物、配置资源、重构价值的整体思维、生态思维。数字化是一种认知革命，是人类思维方式与行为模式的革命，让我们离世界的本质更近，对事情的表述更加系统、完整和准确。用数字思维来看待事物，事物的定义就会有质的变化。如在工业经济时代，手机、汽车的内涵分别为通信工具和交通工具，而在数字经济时代，以数字思维来看，其内涵分别变为信息交流和人际交互的移动终端，工作和生活的移动场景及空间。数字思维是一种价值观、世界观，数字思维将重构社会价值体系、价值取向，将从组织、管理、运营、人才服务等各方面带来企业思维模式的巨大颠覆和产业实践的系统性变革。

二、数字经济发展趋势

随着5G、云计算、大数据、人工智能、区块链等新技术的发展，在数字经济时代，传统的生产方式、消费方式和商业模式都发生了深刻的变化。从产业政策、创新模式、主要赛道、认识层面等来看，数字经济将呈现五大发展趋势。

（一）从大数据到数智化

《"十四五"数字经济发展规划》指出，数据的爆发增长、海量集聚蕴藏了巨大的价值，为智能化发展带来了新的机遇。数字化拥有全空域、全流程、全场景、全解析和全价值的基因，因此，经济的数字化必将带来社会的数智化，经济社会资源通过"智能＋"实现最佳配置，未来技术驱动的创新将是数智化和其他技术发展前沿的组合（见图2）。

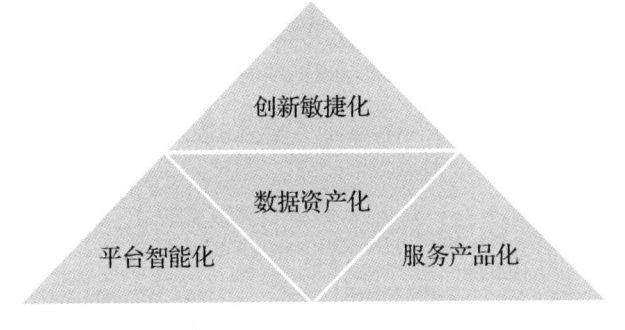

图 2

（二）从发展规范到规范发展

总体上看，产业政策将从先发展再监管向促进发展与监管并重转变，行业将从野蛮生长向规范发展转变。从政策层面看，《"十四五"数字经济发展规划》强调坚持促进发展和监管规范并重，强化反垄断和防止资本无序扩张。近年来我国陆续出台了一系列反垄断和防止资本无序扩张的措施，比如，禁止平台的二选一，打击捆绑销售。从数据安全角度看，近几年出台了各种数据保护的法律、法规，比如《网络安全法》《密码法》《数据安全法》《个人信息保护法》，注重数据规范有序使用。从发展战略选择看，强调企业要以国家战略为重，服务社会主义发展需求，为此规范了教培行业，规范了金融科技发展，为资本设置了红绿灯等。从我国的相关立法取向和陆续出台的政策措施可以看出，规范发展成为一项必然选择。

(三) 从模式创新到技术模式融合创新

一方面,《"十四五"数字经济发展规划》强调,突出科技自立自强的战略支撑作用;另一方面,经济全球化遭遇逆流,保护主义、单边主义上升,从国内外经济环境来看,像以往一样单纯依靠模式创新很难再有好的发展机会。

首先,流量红利消失。20年来我国网民数量从0发展到10亿人,私募创投从很小的规模发展到14万亿元,数字经济的规模从0发展到2022年的50.2万亿元,跃居世界第二[①]。这一时期数字经济从萌芽期发展到上升期,互联网、移动互联网带来了重构商业模式的机会,模式创新自然也就成为创业主流,它们的特点是门槛比较低、容易复制,有利于规模化。诸如美团、拼多多这些企业基本上是以模式创新为主。

其次,资本无序扩张被遏制。诸如为资本设置红绿灯,依法加强监管,防止资本的野蛮生长等措施,既打消了平台企业单纯依靠规模和支配地位获利的念头,也为中小科技型企业创新发展留下了更广阔的空间。

最后,国家对科技创新空前重视。国力的竞争主要是科技的竞争,近几年所推行的双循环的关键是科技双循环。无论是科技体制的改革创新,还是科创板、北交所设立所带来的资本支持,

---

① 中国信息通信研究院. 中国数字经济发展研究报告(2023年).

都为科技产业的发展提供了更好的支撑。当前对科技创新的重视被提到了空前的高度,这意味着从模式创新到技术模式融合创新将成为一个新的趋势。

(四) 从消费互联网到产业互联网

无论是《"十四五"数字经济发展规划》,还是《政府工作报告》,都凸显了国家对产业互联网的重视。从市场来看,过去十年消费互联网的发展机会比较大,以2C为主,服务对象主要是个人,市场面向的是10亿网民,它改变的是人们的生活方式,腾讯、阿里巴巴、美团、今日头条等成为耳熟能详的企业。在万物互联时代,产业互联网迎来重大商机,服务企业等面向的是市场主体和政府、学校、医院等各类组织,改变的是社会的生产经营和管理方式,赋能传统社会组织数字化转型等2B业务前景将更加广阔。当然,坚持融合创新,消费互联网升级有较大机会,如智能穿戴、互联网医疗、智能出行等智能化服务。

(五) 从数字赋能到赋能与赋权双轮驱动

赋能和赋权有一些区别,赋能讲究作为工具来利用以提升产品和服务效能,赋权强调作为生产要素进行投入与改变社会生产和分配机制。赋能强调在原有体系中提升能力;赋权强调重构经济与金融体系,按照数字思维进行顶层设计。由系统论可知,只要系统结构不变,不修订规则并改变系统的目标,改变系统中的参与者只是一种低层次的干预方式;如果在范式层面采取干预措施或推动变革,将产生巨大的杠杆效应,并从根本上改变系统。所以既要赋能,也要赋权,前者强调数字化,是落地战术;后者强调数字思维,是顶层战略。赋能和赋权双轮驱动,则是指战术落地和战略推动、自上而下和自下而上双向结合,按照数字思维来设计整体架构并形成一整套系统的方法论和标准体系,按照左右协同、上下联动、系统优化要求动态推进数字化战略的落地。

三、数字经济时代如何促进金融科技的发展

从数字经济的逻辑体系、思维模式和发展趋势来看,金融科技要从四个方面加以改进和发展。

(一)构建生态圈金融以提高产业生态服务能力

供应链金融目前存在一些难题,借助大数据、云计算、物联网、隐私技术等金融科技技术,推动供应链金融发展到高级形态,最终形成生态圈金融,将是解决这些问题的有效方式。每个产业的发展都需要有一个良好的产业生态,金融科技服务产业须顺应产业生态发展需要,立足和综合考虑不同产业生态的特点,为生态圈中各节点企业提供普惠金融和精准服务,力求把脱离产业生态而服务单个企业所面临的风险降到最低,并立足产业生态提升资源配置效率,推进产业高质量发展。生态圈金融通过打造

生态圈渗透、多维网格协同、产业流程联动的金融服务体系,既为促进产业发展和生态健康提供有力保障,也为金融机构乃至金融行业自身健康发展提供有效支撑。

(二)建立扁平化快速响应机制以提升风险管控能力

数字经济时代,经济社会风险除了具有突发性、不确定性的特征,还具有传播快、波及面广,容易形成多领域共振和集体非理性现象的特征,对处理能力、处理水平和处理效率要求非常高,需要在很短的时间内做出恰当的反应。企业的业务模式可以是多层级的,一些具有扁平化结构的企业重新开始探索多层级管理方式。但是,数字经济时代的风险管控机制必须是扁平化的,它不仅要能够快速响应,还要有完善的风险蔓延阻断机制,建立扁平化快速响应机制可以提升风险管控能力。

(三)完善跨系统集中治理模式以保障融合创新发展

保障融合创新发展主要从三个方面着手:一是坚持系统性、全局性思维,在更大的范围内、更广阔的生态中整合资源,积极探索与数字思维相适应的赋权机制。二是建立数字治理共同体,加强国家层面的数据整合,健全信息反馈机制,完善共建、共治、共享机制,构筑高效安全的风险预测、预警和预防体系。三是建立健全适应数字经济发展的风险处置机制,高效化解风险隐患,及时阻断风险蔓延态势,牢牢守住安全底线。

（四）加强金融科技伦理规范以避免脱实向虚

从算法来看，不同的战略目标对应不同的目标函数，算法设计和技术手段也大相径庭。金融科技如果一味地追求利益最大化，必然会缺乏定力不断逐利，最终导致脱实向虚；如果坚持以更好地配置资源为出发点，以为科技自立自强和实现人民共同富裕等国家战略服务为目标，不仅不会脱实，而且能在服务中实现自身价值，所以加强金融科技伦理规范既是经济高质量发展的需要，也是其自身健康持续发展的需要。从手段来讲，加强金融科技伦理规范要从完善相应的法律法规、加强标准建设、加强行业自律、完善宏观指导等四个方面同时着力、多管齐下，才能取得比较好的效果。

金融与科技的融合发展

陈道富[①]

数字经济对金融与科技的融合提出了重大的命题,双方在相互融合的过程中迎来数字经济新时代,数据思维将发挥越来越重要的作用。从金融业务角度来看,需要越来越多地引入数据的思维和观念来改造客户内部的组织和风控形式。在新颗粒度下思考金融与技术融合过程的商业模式,机构与行业的最佳组织方式和组织边界,以及与之相关的利益冲突和有效的风险防控方式。

一、金融与科技在相互融合中发展

金融和科技的结合由来已久。金融一直是科技最重要的应用领域之一,它最早、最广泛地应用技术手段来更好地实现自身的运转。

金融和科技在相互作用的过程中完成对自身更好的认识和使

[①] 陈道富,国务院发展研究中心金融研究所副所长。

用。每一次金融与科技新的融合，都带动对它们的重新思考，特别是对金融的重新认识。数字经济的发展为金融的发展提供了一个非常好的契机，使得金融可以更有效地利用现有数字技术，为实体经济服务，满足人们的需求，同时促使人们重新思考金融的本质，探索金融业务更好的组织方式。

现有对金融的认识其实都是基于广泛应用的金融技术，即所谓的技术背景下的一种认知。新技术，特别是数字技术的发展，使得人们可以在更细的颗粒度下重新认识金融与科技的融合。实际上，只有突破对传统金融的一些认知，金融和科技才可能在更细的颗粒度下完成解构，实现更好更细的分工，并在新分工基础上实现新的融合和重构。

二、金融与科技的解构、重新分工融合与重构

金融与科技在解构、重新分工融合和重构的过程中相互促进、相互融合。金融与科技的重构过程最需要的是观念和认知上的突破，不被原有的框架所束缚。同时需要在实践中探索金融和科技新的分工合作方法，进而推进对金融和科技的认识。不论是业务驱动还是数据驱动，都需要在实践中迭代完成。实践会打破我们对金融和科技的固有认识，也会引起社会特别是金融行业组织方式的重构，原来的平衡利益或者风险管理的底层逻辑也要发生变化。

可以从三个方面思考这个过程可能引发的新问题。

（一）观察什么是金融，什么是金融的核心业务

原来对金融运行的理解实际上是传统技术下对金融业务操作机制的理解。现在人们普遍认为，技术的发展其实没改变金融的本质，其本质是在功能层面加以描述——金融是一个信任载体，利用社会信任实现跨时空的资源再配置，从而达到更有效的社会合作。然而本质是抽象意义上的，现实中总是在特定技术和时代背景下，通过特定金融产品、服务实现资源的再组织。在数字经济时代，传统的金融业务链条不断细化，在细化的过程中，所有的业务链条不是由一个金融机构闭环完成的，一些业务环节被金融机构利用数字技术外包出去，以实现更合理的分工和更有效的社会合作。这个过程需要人们重新思考，从业务环节细化和分工角度观察，什么是金融？金融是否要包括传统金融业务的所有环节？金融行业的核心竞争力是什么？

比如，贷款这种金融业务到底指什么？银行在开展贷款这项业务的过程中，有相当多的环节和流程，如触达客户、了解并评估客户、确定贷款的关键要素、资金划转、贷款资金流向监控和动态评估、到期回收或催收、不良贷款的处置等。贷款业务的所有环节和流程是否应该是一个闭环且都在银行内部执行？这些环节中哪些环节能有所开放，引入社会分工与合作？哪些环节是金融，哪些环节不是金融？近些年不仅贷款的环节被细化并有一定的社会分工合作，银行的其他业务，如汇款、财富管理等业务也

都有一定的环节得到细化和分工合作。

金融机构把一些非核心环节的服务外包,比如场景金融或者开放银行。场景金融实际上就是怎样让金融借助科技的手段嵌入日常生产生活,不再独立于生产生活之外。开放金融本质上就是打开金融数据、业务的黑箱,引入开放和生态思维。金融不再是单打独斗,而是把业务、交易,甚至底层的账户开放,在保证安全和隐私的前提下跟其他机构合作。这些做法都是金融业务的操作环节的细化,实现了金融与社会更深入的融合与合作。

数字货币的发展提出了银行或者金融的重新定位问题。在数字货币框架下,货币信用的创造并不是必须经过金融机构。金融机构特别是商业银行系统是否还将拥有货币创造中介的独特地位,还是转化为信用服务中介和货币创造的操作中介?

在数字技术的冲击下,传统金融机构需要重新思考金融行业真正的核心竞争力是什么。随着金融业务的黑箱被打开,金融与非金融的边界逐步模糊,金融功能需要保留并更好地实现,但是原有的组织形态是否不变?事实上,在大力发展金融科技之前,各类金融创新如结构性金融产品、资产证券化等,已经在模糊传统金融机构的组织和业务边界。金融机构在功能稳定前提下的组织、业务再造已持续较长时间。金融机构的核心能力应该是对数据和风控模型,或者说各种价值评估模型的一种判断和使用,也就是说,判断、决策,并且为这种判断和决策承担行为后果的能力,是金融机构的核心能力。

显然，如果还是将金融业务定义为全流程的闭环，那么社会分工大概率还会停留在原有的水平上。人类社会的发展，就是把原来自给自足的事情当中的环节细化，引入社会分工，合作完成。这带来了相互依赖，也促进了分工和合作机制的发展。金融创新也经过这样的过程，功能相对稳定但业务不断变化。近些年随着金融科技的发展，传统金融业务的环节在打开，人们开始探索更有效的分工和合作模式。合作的颗粒度从传统的企业、政府和个人，细化到环节和流程中。因此，在哪个层面分工，决定我们是不是真正进入深耕细化和重构的过程。

一旦我们从金融业务、金融机构等传统视角跳出来，观察金融、金融行为和金融机构的核心能力，会有不同的结论。我国非银行金融机构和准金融机构在发展过程中，一直面临这种认识问题。因此，是时候重新思考什么是金融、什么是金融的核心业务。

（二）如何协调利益冲突和利益分配

制约分工细化的边界是市场规模和合作成本（交易费用），会涉及不同主体的商业模式，以及组织边界等。

以资产管理向财富管理发展为例。资产管理侧重于不同金融资产的组合以在效率边界上产生不同的风险收益组合，类似于生产端，是以产品为中心。财富管理从生产端向客户端转移，是以客户为中心，要关注客户有什么样的风险偏好，需要什么样的风险收益组合，要关注客户利益，强调客户的成长和体验。当然，如果把投行业务放进来，就会发现投行主要服务于资金需求端，更强调业务导向，而财富管理主要服务于资金供给端，更强调"人"的因素，也会涉及一些资金需求端。这样就会产生利益冲突，既要求买方和卖方的服务机构隔离，各为其主服务，也涉及收费模式的选择，是以存量规模收费、以业绩收费还是采用固定收费等，避免服务者与被服务对象的利益冲突，最好能达到激励相容。

不同的服务是否需要分开或能否分开，合理服务的边界是什么？如财富管理业务，涉及营销、投资顾问、投资者教育，甚至还会有一些资产管理业务。什么样的业务可以再组合而且应该再组合，什么样的业务必须分开？收费模式与商业模式高度相关，是一种利益的合理分配，以实现有效合作，产生共赢的共同体。数字经济时代，科技与金融的再融合，也需要合适的商业模式。但在市场重构时期，这种利益合作方式由谁用什么方式决定？理论上，最佳方式应该是力量相对均等的市场主体通过业务实践找到一个相互制衡、相互成就的有效商业合作模式。

（三）重构和合作中的主导权问题

当以同一种视角看待同一件事时，主导权和非主导权取决于市场势力，需要政府保持市场势力的相对均等以形成合理制衡，市场在获取相对主导权中更替和迭代发展。当以不同视角看待同一件事时，主导权可能不是简单地取决于市场势力，会牵涉到未来以什么视角打开，进而形成不同"世界"中的主导权问题。

金融监管中的一个重要方面就是中小投资者和消费者保护，2008年美国金融危机后各国进一步强调了消费者保护，纷纷成立金融消费者保护局。有些国家在推动"开放银行"，通过政府或市场的力量，推动银行等金融机构的业务、交易甚至数据在保证安全、隐私等基础上适度开放，以促进数据共享和新的分工合作模式。

金融和数字技术融合工程的主导权存在不同视角问题。从金融角度看，数字科技公司是为银行提供服务外包的，金融机构主导着金融核心环节和核心技能。但从数字或信息的角度看，数据收集、加工处理、价值挖掘等主要环节由数字科技公司主导，仅价值实现环节是通过金融机构完成的，金融机构是数据价值实现的载体。这是两个主导权的交融。当前出现了一些分层合作和平台服务的趋势，这些平台各自在自己的世界中占主导地位并与其他层级合作以实现利益最大化。未来金融业务的重点是开发前台，发挥场景的作用，重点实现各项金融功能与客户体验深度融合。

总之，数字经济下金融和科技的深度融合，引发金融行业甚至社会的深刻变革。当前处于重大转型变革期，分工、融合、重构已经发生，关键是如何认识和参与，怎样使分工、融合、重构过程带来更大的价值，促进行业的发展。在这种时代趋势下，需要跳出传统金融的理念和认知，重新认识金融和技术，探索合适的商业模式、机构最佳组织方式和组织边界，更有效地管理可能的利益冲突及风险。

三、中小银行数字化转型思考

我国中小银行的数字化转型不是概念上的数字化转型，也不是框架上的被动数字化转型，而是结合实际情况在具体业务上的数字化转型。

（一）中小银行数字化转型应着眼于未来

当前中小银行面临的困难和压力非常大，有大行业务下沉的压力，有数字经济的冲击，还有业务定位、经营模式、资本补充等历史问题。中小银行最大的优势是贴近客户、贴近市场、贴近基层。但是，在数字化转型的条件下，这些优势正逐步弱化，因为通过数据和技术方法，大行或者数字科技公司可以充分了解并调动基层，触达并服务尾部客户。只要是被市场看见的价值，理论上都可以通过数据和技术方法，转化成低成本的规范操作，从而由大行或科技公司开展。

如果中小银行只是被动地进行数字化转型，并不会增强其核心竞争力，甚至很容易被大行或者科技公司取代。因此，数字化转型应有助于中小银行夯实它的核心竞争力。

目前，中小银行的数字化转型至少涉及三个层面。

（1）出于降低成本和风险的考虑，实现现有业务的边际改进。在现有业务框架和逻辑下,通过数字化转型实现成本或风险的降低,即现有业务效率的边际改进。

(2)适应环境和客户的数字化转变。社会环境正转向数字化,特别是银行服务的客户正在数字化,企业客户的业务日益数字化、智能化。为了适应环境和客户的变化,中小银行不得不转型。

(3)通过数字化转型为提高核心竞争力、扩大生存空间打下基础。如果只是为了适应环境和客户,实现现有业务的边际改进,并不能缓解当前中小银行的困境。很难确定十年后有多少中小银行能存活下来,只有结合中小银行在未来行业中的定位和业务核心竞争力,数字化转型才有意义。

在金融业格局重构和数字化的冲击下,中小银行的定位应该是什么?核心竞争力在哪里?或者说,中小银行的数字化转型应该夯实哪个长板,强化哪项核心竞争力?由于数字化将带来巨大变化,中小银行现有的核心竞争力、资源在数字化转型后可能都不复存在,所以要从转型后的场景来看中小银行数字化转型。

从数字化对银行体系产生影响的角度,可以看到银企关系在重构。随着数字化进程的推进,银行和企业都不再是一个黑箱。银行和企业把机构、业务的黑箱打开,外部开始关注机构的具体业务,每项业务开始有详细的流程。机构之间不再仅仅通过有限的黑箱之间的业务来连接,而是在更细颗粒度下,实现流程层面的相互融合。随着业务流程的相互衔接,在数字化降低操作特别是交易成本的情况下，银行和企业的关系会发生重构，出现分工细化和服务外包，甚至出现平台化创新组织。这意味着未来不仅单个银行的组织架构会发生变化，整个银行业的组织形态也会发生变化。

在整个银行业组织形态重构的情况下，中小银行的组织形态是怎样的？仍采用现在"麻雀虽小五脏俱全"的方式，只是组织边界大小有所调整，还是需要整个行业组织方式进行重构，形成平台和生态模式？

最近人们在讨论中小银行的公司治理问题。其中有一个问题需要关注，即中小银行的合理组织边界在哪？我们可以看到中小银行很难聘请到具有总行思维的行长，合格股东和独董也很难找。这个时候，组织的合理边界在哪里？

中小银行还存在业务定位和核心竞争力的问题。目前，中小银行的核心竞争力有四个：特定行业、特定区域（群体）、与政府有特殊关系、线下实体。这些优势在数字化的冲击下可能都会逐步弱化。只要能用数据实现的，大行和科技公司可以很容易替代。那么不能替代的是什么？应该是线下面对面的沟通，是软性知识，是对区域、行业特殊性的理解和判断。更紧密的组织联系，对区域、行业更深刻的理解是中小银行的立身之本。

我们需要站在未来看当下的中小银行数字化转型，考虑未来行业格局的发展变化和市场定位，寻找数字化转型的方向和重点。

（二）中小银行如何实现数字化转型

相对于大银行，中小银行在数字化转型中最大的短板在于资源不足。数字化转型的成本很高，而中小银行资金、人才不足，市场环境压力很大。

因此，中小银行首先需要转变观念：是不是需要做好充分准备才能"冲锋"？是不是要把所有的技术都夯实了，才可以冲进市场？大行可以这么做，它们的资源和人才是有保证的，但对中小银行来说，资源、条件和时间都无法准备充分。当然可以有效利用外部力量，甚至采取 SaaS 模式购买一些服务来降低成本，但这涉及内部机制、文化的协调。

实际上，中小银行是可以"单兵突进"的，应该"先开枪再瞄准"。中小银行不可能面面俱到，也不可能准备好再上阵，一定是在市场的开拓过程中逐步完善体系实现转型。这种策略的关键是对未来的核心业务、核心客户有准确把握。即仍然从业务和客户出发，真正"以客户为中心"，通过更好适应重点客户的需求，与客户并肩数字化转型，在逐步迭代中带动中小银行科技和机制的转换。

对金融体系来说，数字化过程就是"走进"企业，"走进"客户，一定是相互"融入"甚至相互"嵌入"。银行业务会逐步嵌入企业日常经营中，或者嵌入消费者的日常生活场景中。这就是所谓的"场景金融"，金融服务从"显"、外部，转到"隐"、内部，甚至推动行业组织形态重构以适应这种变化。

数字化转型在宏观上涉及另一个问题，数字化是从银行入手，从企业入手，还是从第三方入手？如果从银行入手，银行有太多的东西需要数字化，容易陷入现有理念和业务模式中。银行虽然有大量的数字"金矿"，即有价值的结构化数据，但这些数据缺乏内在的逻辑和联系，也没有转化成机器可以理解和操作的动态数据，还有大量工作要做。

我国许多企业尚未达到数字化的要求，甚至存在意愿和机制上的问题。比较现实的路径，是从服务客户的需求出发，真正理解客户的需求，整合甚至改造现有业务，跟企业共同数字化。即在数字化过程中相互迭代，形成新的融合模式。这种数字化转型过程既能节约精力和成本，又能为企业未来的生存发展奠定基础，是真实的和有生命力的。

（三）服务外包和社会合作

中小银行未来想发展一定要合作，不能单打独斗。金融业数字化改造要把原来封闭的业务链条打开，这在某种程度上是一种外包合作。这个过程中会涉及这样几个问题：银行的核心是什么？什么是金融业务，什么是非金融业务？什么可以外包，什么不可以外包？如果把数据和各类技术系统拿掉，银行还剩下什么？银行是一个信任载体，核心能力体现在对数据和模型使用的判断上。银行应该是开放的，有大量的主体为银行提供数据和软件服务，银行保留判断、决策和承担行为后果的能力。在这个过程中，银行的核心竞争力并没有被取代，反而有所增强。为此，要区分不同类型的外包，是金融业务、金融业务中某个环节的外包，还是技术支持和维护的外包。

风控是银行的核心能力，在外包和合作的环境下该如何理解独立风控？笔者认为独立风控需要银行对风险有独特的看法，有自己的判断，但在技术层面上数据和软件服务是可以外包的。社会分工的发展就是逐步相互合作、相互连接的过程，而社会合作在某种程度上会产生相互依赖。金融业是运转或者说驾驭信任的主体。信任来源于对价值、风险的深入理解和长期业务实践的检验。为此，关键是真正走进企业，看见价值，感知真正的风险。只要与价值同在，基本风险就控制住了。

我国当前的金融业发展更加强调开放包容。实际上最近一些国家在推动"开放银行"，即银行通过隐私计算、API 等技术，平衡隐私、安全和价值等，在更大范围与更多机构分享基础数据、账户、服务等。数字化在某种程度上，是一个开放和重构的过程，是一种共享模式的良性互动生态。

供应链金融的数智化发展

宋 华[①]

一、供应链金融发展现状

近年来,供应链金融得到政府的高度关注,强调要大力发展供应链金融。近几年人民银行、银保监会等机构都发布了相关文件,大力发展供应链金融,特别是 2020 年八部门联合印发了《关于规范发展供应链金融支持供应链产业链稳定循环和优化升级的意见》(226 号文),该文件不仅确立了供应链金融在促进产业发展中的独特作用,而且为如何创新发展供应链金融提出了规范的体系。2022 年 5 月工业和信息化部会同国家发展改革委、科技部、财政部、人力资源社会保障部、人民银行、国务院国资委、市场监管总局、银保监会、全国工商联、国家知识产权局等十一部门印发了《关于开展"携手行动"促进大中小企业融通创

[①] 宋华,中关村互联网金融研究院供应链金融专家,中国人民大学商学院教授、博士生导师,中国物流学会副会长,商务部市场调控专家库专家。

新（2022—2025年）的通知》，提出推动大中小企业融通创新的新目标、新任务、新举措，其中提及优化大中小企业资金链，鼓励金融机构结合重点产业链供应链特点开发信贷、保险等金融产品，加强供应链应收账款、订单、仓单和存货融资服务。由此可以看出，供应链金融已经成为解决中小微企业融资难、融资贵，优化融通产业资金流的重要举措和战略方向。

  这些政策举措的确起到了良好的成效，不仅让金融开始回归实业，真正立足于产业，同时基于产业推动金融创新，极大缓解了产业企业，尤其是中小微企业运营资金短缺的困境。根据科法斯（Coface）《2022年中国企业付款调查》的数据，在1 000家受访企业中，继2020年减少9天后，2021年的平均信用期限保持不变，仍为77天，其中提供30天以下付款期限的企业比例从24%增至26%。根据对545家中小板制造企业的财务测算，2021年平均应收账款周转天数为82.12天，存货周转天数为127.99天，应付账款周转天数为81.69天，现金循环周期为128.42天，比2020年177天减少了近49天。在看到这些可喜成就的同时，也需要知晓中小微企业的资金短缺以及融资难问题远未得到有效解决。同样是科法斯的调查，虽然2021年遭遇逾期付款的企业有所减少，但逾期时间比前一年延长，逾期付款天数增加的企业比例从2020年的36%升至2021年的42%。平均信用期限在90天以上的企业比例从2020年的19%上升到22%，尤其是遭遇超长逾期付款（120天以上）的企业比例从2020年的 22% 上升到 27%。2021 年中小板制造业现金循环周期的中位数为 99 天，平均现金循环周期超过中位数，说明大多数企业现金循环周期偏高。

二、供应链金融的核心要素及面临的挑战

首先，从供应链金融的核心要素看，整个供应链金融可以视作一个天平。这个天平的底座是风险管理与控制。今天金融风险管理与控制的基础是不是已经夯实了？这可能还需要质疑，为什么？因为商业周期的变动，特别是新冠疫情的冲击，再加上所有产业和企业都面临转型升级的压力，所有这些因素导致今天贸易的真实性和质量遇到前所未有的挑战。这个天平的梁是信息，金融风险控制一定是降低产业中的信息不对称，这个信息不对称问题能不能有效解决呢？很困难，因为不同企业的信息化程度不一样，不要说数字化，有的企业连 OA 系统都没听过。即便企业建设了 ERP 系统，信息系统也千差万别，因为商业情景是异质化的。另外，各个企业的技术参数、仓单、面单多是不规范、不统一的，导致信息孤岛广泛存在，产业级供应链信息难以形成。天平两端也面临问题，一端是资产，供应链金融的关键是资产和资金有效匹配。资产端的问题是资产的客观性不够，即如何保证资产在转移过程中是真实有效的。另外，资产的细颗粒度管理不足。大部分资产的管控都是基于概率论，通过出险率看风险能不能覆盖，管控没有细化到每一项资产每一个业务，这导致资产的

真实性与质量没有办法保证。此外，资金端也遇到挑战，挑战在于资金往来的清晰性不高、用途不明，比如说金融机构给了一个中小微企业资金之后，资金是不是真的用在技术研发上，是不是真的用在产品运营过程中？答案往往很难知晓，资金闭合和资金流动性无法保证。所有上述问题导致的结果是传统的信用体系丧失了效率，新的信用体系又没有建立。

其次，从当前供应链金融运作状况看，同样存在挑战。第一，目前金融机构开展的供应链金融业务仍然是依托核心企业的信用开展，通过核心企业的信用为其上下游的企业提供金融服务。这种模式往往会遇到核心企业不配合、不确权的挑战，从而使得金融服务不能惠及多数中小微企业。第二，目前提供的供应链金融产品仍然是传统商业银行的金融产品，诸如保理、反向保理、仓单质押等，不能真正与中小微企业的业务运营贴合，难以满足中小微企业多元化场景对差异化、定制化金融服务的诉求。第三，金融机构对供应链金融产品的供应和风险管控仍然基于传统的主体信用，即便应用了现代化的数字技术，还是偏向于应用技术进行数字主体信用的刻画，未能真正确立如同226号文中倡导的数字化主体信用、交易信用和物的信用三位一体的综合信用体系。

因此，供应链金融何去何从是一个需要深思的问题。

三、供应链金融稳定持续发展的路径

要实现供应链金融的稳定、持续发展，需要实现"三个三"

转变,即供应链金融运营方式的三个转变、供应链金融管理要素的三个转变以及供应链金融应用发展的三个转变。

(1) 供应链金融运营方式的转变指组织和推动供应链金融方式的变革。

第一个转变是从交易性资产转向行为性资产。传统供应链金融依赖的是交易性资产,如应收、应付,或者存货、仓单,所有借贷决策和风险管控都是基于这些因素。但是,这种方式因为无法确认背后的贸易真实性使得风险管控难以实现。因此,从交易性资产管理转向行为性资产管理成为供应链金融发展的关键,如果企业在运营中的行为,以及所有上下游关联企业之间的关联行为等整体性的信息无法显示与筛选,则金融服务实体经济必然沦为空谈。

第二个转变是从单纯的借贷活动转向综合性金融服务。如今在从事供应链金融业务的过程中,人们过于关注借贷活动,忽略了供应链金融的本质不仅仅在于资金借贷,而是如何优化整个产业供应链现金流,促进资金在产业中顺利高效运转。正是因为如此,供应链金融服务除了借贷活动,还有更为基础性的金融服务,诸如如何帮助产业主体建立账户,如何实现业财融合,如何建立行之有效的支付体系,以及结算清算体系、保险服务等,只有提供这种综合性服务,金融才能真正服务实体,否则就会变成金融游戏。

第三个转变是从为核心企业服务转向为生态服务。目前供应链金融大多围绕核心企业展开,但是这种模式具有较大的局限性。要促进供应链金融的发展,就需要转变为依托生态开展供应链金融。具体来说,有四个产业生态场景需要予以重视,根据生态场景的特点,提供定制化供应链金融服务:一是产业集群和地方产业平台;二是各行各业的腰部企业,即规模不大但是具有一定竞争力的企业;三是地方头部企业,即位于三四线城市,但是在行业中具有较高知名度和竞争力的企业;四是跨平台跨网络产业场景。未来只有把更多注意力和金融资源放在这些领域,供应链金融才能真正蓬勃发展。

(2)供应链金融管理要素的转变指供应链管理风险管理要素的塑造和建设。

第一个转变是可信交易链的建设,即如何保证供应链全程交易的真实可信。这一过程涉及产业供应链要素的标准和规范化建设(诸如合同、各类函证、产业技术标准等),交易流程的数字化管理(诸如采购、生产、分销活动的及时、透明化管理),以及交易网络的组织管理。

第二个转变是可信资产链的建设,即如何保证供应链运营中资产以及资产变换的真实可信。可信资产链建设同样涉及要素的标准和规范,如质量、形状、数量、装载、运单、仓单、面单等。此外,在仓配运的过程中清晰地管理资产移动和变换的过程,也是确保资产安全可信的关键。

第三个转变是可信行为链的建设。这一过程涉及了解供应链各参与主体的采购、技术、生产、营销政策,以及管理行为的状态。当发生一笔交易和资产转移时，需要了解促成这一交易或资产转移的是何事？在何处？做何为？还有一个因素是结构，即供应链各参与主体行为的一致性、合规性、与环境的吻合性等。

（3）供应链金融应用发展的转变指供应链金融应用领域或管理体系的拓展。

第一个转变是在商业领域从反应性供应链金融转向前摄性供应链金融。反应性供应链金融是因应企业运营资金融资需求，基于已经产生的债权债务或抵质押资产开展的供应链金融业务。这种供应链金融活动固然能够解决一部分企业的运营资产问题，但是不能帮助企业获取和巩固供应链战略资源和能力。比如，在产业供应链建设过程中，战略供应商或战略客户是任何企业都需要稳定和发展的资源，此刻或许这些战略供应商与特定企业之间尚未开展交易，但是需要事先帮助战略供应商或客户获得资金，快速形成生产经营能力。这类供应链金融活动便是前摄性供应链金融，即基于对供应链能力的判断或产业供应链知识，有效融资，提升产业供应链竞争力。

第二个转变是从商业应用转向可持续领域。供应链金融不仅可以解决商业活动中的运营资金问题，也是促进企业绿色发展、可持续发展的战略手段和工具，特别是在农产品领域以及"双碳"战略实现过程中，可以应用供应链金融激励相关参与方按照社会可持续发展的方向作为，推动可持续体系的建立。比如，国网英大在"双碳"战略实施过程中，通过"碳 e 融"产品激励供应商建立碳账户，并通过碳评价体系的建立，鼓励供应商降低碳排放，积累碳积分，做到了用供应链金融推动碳减排，同时又借助企业碳表现关联供应链金融业务。

第三个转变是从关注微观创新转向公共领域的规范创新。供应链金融的发展需要有良好的管理体系和制度环境，如何建立完善的基础设施成为供应链金融发展的核心，比如，二类账户管理问题、跨行服务和管理问题等都是如今供应链金融发展的掣肘环节。如何限制大企业不确权、不挂账行为，以及垄断性贴现融资等不当行为，更是供应链金融稳定持续发展亟待解决的问题。

绿色金融的高质量发展

杜 宁[①]

一、何谓"绿色金融"

"绿色金融"并不是一个新名词,早在 2007 年,国家环保总局、中国人民银行、银监会就联合发布了《关于落实环保政策法规防范信贷风险的意见》,旨在加强环保部门与金融机构联动合作,运用信贷手段,推进节能减排,这可以说是绿色金融的早期政策。近两年,在"双碳"目标提出后,绿色金融变得更加炙手可热。"双碳"目标的提出对绿色金融最大的影响是,绿色发展由一个文科命题变成一个要有量化结果的理科命题。2025 年,单位国内生产总值能耗要比 2020 年下降 13.5%;单位国内生产总值二氧化碳排放要比 2020 年下降 18%;非化石能源消费比重要达到 20%左右;森林覆盖率要达到 24.1%,森林蓄积量要达

[①] 杜宁,中关村金融科技产业发展联盟副理事长,睿格钛氪(北京)技术有限公司 CEO。

到 180 亿立方米。这些数字目标是明确的、客观的、迫切的，是可考核、可审计的，各行各业都需要按此目标进行规划设计、分阶段实施，同时也需要不断检视施行效果，来判断是否能够如期完成数量要求。在这个大前提之下，金融机构的绿色金融服务，不仅可以为各行业顺利完成"双碳"目标提供关键资金保障，更是金融行业自身持续健康发展的重要条件。

在《中共中央 国务院关于完整准确全面贯彻新发展理念做好碳达峰碳中和工作的意见》（2021 年 9 月 22 日）中，绿色金融的具体任务有了进一步的扩充和完善。文件提出，要"积极发展绿色金融。有序推进绿色低碳金融产品和服务开发，设立碳减排货币政策工具，将绿色信贷纳入宏观审慎评估框架，引导银行等金融机构为绿色低碳项目提供长期限、低成本资金。鼓励开发性政策性金融机构按照市场化法治化原则为实现碳达峰碳中和提供长期稳定融资支持。支持符合条件的企业上市融资和再融资用于绿色低碳项目建设运营，扩大绿色债券规模。研究设立国家低碳转型基金。鼓励社会资本设立绿色低碳产业投资基金。建立健全绿色金融标准体系"。

那么，如何完整、准确、全面定义绿色金融呢？笔者认为，应从金融对经济的作用的维度，来定义新发展理念和"双碳"目标下的绿色金融。下面从"碳"的角度入手，来看几个案例。

首先是碳排放。一家电力企业的主要碳排放来自它的线损率。可以看到，经过艰苦卓绝的努力，我国电力企业线损率逐年递减，由 2015 年的 5.55% 降至 2020 年的 4.69%。如果只考虑碳排放数量，那么金融机构给电力企业贷款时就很容易做出决定，3.5% 线损率的是好企业，可多贷一些，多优惠一些，10% 线损率的企业则不考虑向其贷款。但其实只凭线损率计算出来的碳排放远远不足以支撑银行放贷的判断。2022 年初国家发展改革委、国家能源局印发《关于完善能源绿色低碳转型体制机制和政策措施的意见》，从整体战略的角度对电力企业提出了系列要求，如：整体优化输电网络和电力系统运行，提升对可再生能源电力的输送和消纳能力；对现有电力系统进行绿色低碳发展适应性评估，在电网架构、电源结构、源网荷储协调、数字化智能化运行控制等方面提升技术和优化系统；推动电力需求响应市场化建设，推动将需求侧可调节资源纳入电力电量平衡，发挥需求侧资源削峰填谷、促进电力供需平衡和适应新能源电力运行的作用等。线损率只是在旧有范式里的线性提升，而新发展范式则是在供给侧改革、供需平衡治理以及数字与技术提升等方面作出体系化要求。在这种情况下，绿色金融关注的不再是点和线，而是面和体。

再看看当前特别火爆的光伏发电。2019 年底，中国光伏高效组件平均售价低于 2 元/瓦，系统造价低于 4 元/瓦，大部分光伏竞价项目实际上网电价水平在 0.328 1～0.454 9 元/千瓦时之间。这个数据意味着什么？意味着拐点的到来。根据中国煤炭工业协会的测算，2020 年，燃煤发电的每度电成本在 0.32～0.76

元/千瓦时之间。光伏已经成为绿色能源供给的最主要方向。但是，回望一下光伏发电不平凡的成长之路，2008年中国光伏组件价格为25元/瓦，系统造价为50元/瓦，光伏平均每度电成本为4元/千瓦时。所以，从早期来看，光伏发电不经济，而且由于生命周期短，甚至最开始的一段时间在其生命周期内发电的碳减排量比制造其元器件的碳排放量还要少，因此当时并不环保。这个案例给我们的启发是，绿色金融不仅应关注当下，更应该关注未来的发展趋势。

再来看一个和我们的日常生活息息相关的案例。铅是20世纪应用最广泛的电子工业的电焊焊料，但是其本身有高污染，报废之后对水、土壤等会造成非常严重的破坏，同时对人的身体有很大的危害。中国、日本、欧美在21世纪初就摒弃铅作为焊料。日本开始时用锑合金来替代铅，但是后来发现锑在地壳中的含量很少，且污染程度不亚于铅，所以，走了一段弯路之后，也像其他国家一样改为使用锡合金来替代铅。这个案例警示我们，金融对绿色发展的支撑要充分考虑转型失败的风险。

让我们回到金融视角。支撑清洁能源、节能环保、碳减排与碳汇技术发展的金融是狭义的绿色金融，目前这部分信贷占商业银行贷款总额的比重并不高，商业银行贷款额度大的行业有一些恰恰是高排放行业。所以现实的问题是商业银行要继续贷款给火力发电厂吗？如果不继续贷，之前的贷款是不是迟早会变成坏账？如果继续贷，是否就达不到碳达峰碳中和的国家要求？所以，笔者认为，新时代绿色金融应该是支持"双碳"目标的金融产品和金融服务的统称，是综合性、系统性、全方位、体系化的对国家"双碳"目标的金融支持。

二、绿色金融的新特点

在新的概念框架之下，绿色金融较我国明确"双碳"目标之前产生了三大变化。

（一）从"定性"绿色金融发展到"定量"绿色金融

之前的绿色金融产品，是以其服务的对象是否在我国绿色产业目录中，或者服务的项目是否在绿色项目体系下来定性的。在定性的基础上，再统计其发放规模。这对鼓励绿色产业和绿色项目的起步与发展起到了积极有效的作用，在新的发展理念和发展目标下，将继续发挥重要的引导作用。在新的发展理念和发展目标下，还需要金融与实体经济更紧密地结合。有人曾经这样说过，"金不异绿，绿不异金，金即是绿，绿即是金"。为落实高质量发展理念，金融行业给企业放贷款发债券，既要熟悉宏观政策，又要深谙行业发展规律；既要熟悉现在，又要推测未来；既要看财务报表，更要深入了解业务。金融与实体经济在新发展理念下，愈发融为一体。

在定性的绿色金融框架下，以往开展绿色金融业务的商业银行更像是一名被定性为"勤奋"的学生，每天会花费大量时间在学习上。而在定量的绿色金融框架下，并不是统计了学生的学习时长就由定性升级为定量。这里的定量是指因量化的目标而反向对过程提出的可衡量要求。对学习的效率、知识点的覆盖、应试的能力这些因素的衡量变得更加重要。

（二）绿色金融的内容得到升维

传统的支持绿色产业指导目录的金融，在新的时期将继续发挥重要作用，但它不是绿色金融的全部，所以，我们可以称之为"绿色产业金融"。

近期提及的专门为高碳行业低碳转型提供的金融服务，即"转型金融"，也将为实现"双碳"目标做出重要贡献，我们称之为"绿色转型金融"。

而那些既未纳入绿色产业指导目录，又不属于高碳行业低碳转型的领域中，依然存在着对国家"双碳"目标给予重要支撑的业态。

一方面，所有的产业都不是割裂开来单独存在的，其绿色发展需要原材料、零部件、配件等上下游企业协同发展。就像一家企业，如果效益好，一定是其研发、产品、售前、市场、销售等各环节共同努力的结果，而不能单单将效益与销售挂钩。因此，可以将给那些处在绿色发展的重要环节，但暂未列入绿色产业指导目录的相关产品提供支持的金融服务称为"绿色赋能金融"，或者与其核心产品共同称为"绿色产业链金融"。

另一方面,数字经济时代的整体产业跃迁,将给绿色发展带来全新的挑战。目前,数据中心、信息系统、个人电子终端占全社会的能耗比在3%左右。随着移动互联技术、人工智能技术、扩展现实技术和数字孪生技术的不断发展,Web 3.0与元宇宙距离我们越来越近,英特尔估算在元宇宙时代,所需算力将达目前的千倍以上。所以,在数字经济时代,数字化系统的耗能将成为绝对大户。提升数字经济时代计算、传输、存储的能耗比,将成为实现"双碳"目标的重要条件。我们把支撑这一体系的金融产品与服务称为"绿色未来金融"或者"适应数字经济时代的绿色金融"。

(三)绿色金融由"加分项"变成"基础项"

在相当长的一段时间内,做好绿色金融,如同做好ESG一样,是一个值得鼓励的"加分项"。纵使一些管理机构将ESG或者绿色金融的相关披露作为必选项,也并未提出披露的明确限制性要求。

在"双碳"目标明确后,各行各业必须适应此目标,才能实现未来的健康快速发展。就产业机构而言,那些引入先进低碳技术、改进工艺流程、重塑业务逻辑的企业,将在下一阶段竞争中获得优势,从而占据更大的市场份额;而那些不能有效实现碳中和的企业,将在市场中被逐渐淘汰。因此,选择与"双碳"目标发展方向一致的企业，将成为商业银行等金融机构重要的业务能力，只有选对了，才能避免在"双碳"的发展之路上被淘汰。

三、高质量发展绿色金融的重要支撑

实现"双碳"目标是一场广泛而深刻的经济社会系统性变革，对于我国而言，达成"双碳"目标面临着前所未有的困难和挑战。一方面，我国工业化与新型城镇化还在持续深入推进，经济发展与民生改善的任务还很重，能源消费将保持刚性增长；另一方面，与发达国家相比，我国从碳达峰到碳中和的时间窗口偏紧。想要实现绿色金融，应坚持以下几个方面。

（一）坚持"监管科技"理念

做好"双碳"工作，自上而下完整准确全面的认知与贯彻尤为重要。在中央层面制定印发意见，对此项重大工作进行系统谋划和总体部署，明确总体要求，提出主要目标，部署重大举措，明确实施路径，统一全党认识和意志，汇聚全党全国力量共同完成。各部委、各地方要结合行业与地域现状，在完整准确全面地理解目标以及自身与目标之间关系的基础上，有效实施。在通过行政不断压实责任的基础之上，需要科学的理念与方法。

因为金融具有数字属性，所以在同样量化目标的绿色金融中，金融业得以利用其先天的优势。在金融行业率先提出的"监管科技"，定义为服务于国家金融战略，综合利用先进技术手段，构建监管机构、金融机构、金融服务获得方、公共服务机构以及技术供应方协同合规发展的标准化数字体系。监管科技具备的实时性、预测性、可持续性、数据驱动性、协同性、可审计性、交易痕迹的可探寻性、风险可计量性、数据可视性与安全性等十大特点，可以助力监管部门与金融机构始终盯紧"双碳"总体目标任务，实时掌握绿色金融发展情况及其推动"双碳"目标的效果，及时调整政策方略与机构战略，为我国实现"双碳"目标及时高效地供给金融"血液"。

（二）综合利用先进金融科技技术

人工智能、物联网、区块链等技术的综合应用，将使碳达峰碳中和这一复杂的系统性工程得以更准确、更高效、更经济地实施。

物联网将成为绿色金融与实体经济结合的重要途径。通过对实体世界有组织的感知与互动，金融机构可从时间和空间两个维度全面感知实体行为、识别实体价值，以促进金融服务实体经济，提升金融风险防范水平，同时也可为百姓提供更加便捷的金融服务。在绿色金融的实施过程中，如前所述，要求金融与实体经济前所未有地融为一体，在这个过程中，物联网将进一步发挥作用。

物联网虽然对绿色金融、对金融与实体经济的结合发挥重要作用，但从实体企业的角度来看，会有企业信息被过度披露的担心。能从根本上帮助消除这一担心的依然是技术。应用基于边缘计算的物联网（AIoT）可以将计算前置，对于双方协商一致的内容，通过可审计的方法将计算结果通过网络传输给金融机构，而不必暴露企业更多、更细节的经营情况。

区块链技术及应用将有效解决实现碳达峰碳中和的过程中，各主管部门、各实施主体以及金融机构间数据互认与系统互联的问题。碳达峰碳中和是一个庞大的社会经济系统性工程，没有现成的经验可以遵循，需要各参与方不断建设和迭代系统。在这个过程中，区块链这种并不设立明确中心的新的链接方式，可以起到非常好的效果。在跨境绿色金融中，区块链的正确使用也将起到意想不到的良好效果。

一旦通过物联网和区块链建设起我国"双碳发展"的数据底座，人工智能将在海量数据中发挥越来越重要的作用。利用人工智能建立的模型，可以引导金融行业做好绿色金融的获客与风控，逐渐探索反漂绿反洗绿的体系。

（三）有质量的数据将是一切工作的基础

不论是人民银行 2021 年发布的金融行业标准《金融机构环境信息披露指南》，还是银保监会 2022 年发布的《银行业保险业绿色金融指引》，都强调了金融机构应加强对绿色金融涉及的环境效益与碳排放的数据的披露。《国务院关于加强数字政府建设的指导意见》更是专门指出，推动绿色低碳转型。加快构建碳排放智能监测和动态核算体系，推动形成集约节约、循环高效、普惠共享的绿色低碳发展新格局,服务保障碳达峰碳中和目标顺利实现。

"双碳发展"不仅要有大量数据支撑,更要有有质量的数据支撑,即准确、翔实、维度丰富、积累足够时长的数据。这些数据不仅是判断目标是否达成的重要标准,更是把控进度、选择路径、判断得失的最重要依据,也是绿色金融获客与风控、合规与发展的最核心输入。

有质量的数据需要保证三个重要环节的数据质量。一是数据的生成环节。这个环节是要将模拟信号转化为数字信号,在传统的工业领域,这一环节的数据质量与工业信息化的发展融为一体,而在数字经济发达的领域,要解决这一问题亟待在数据元与数据报文中尽早设立标准,由"外挂"变为"内生"。二是数据的加工环节。不同标准、同一标准不同的参数选择、同样参数选择下不同数据的上下限取值,都会使碳排放、碳中和等结果出现一定的浮动。要想透过现象看本质,透过"学习时长"看"学习效果",需要更加科学的数据加工思路与加工方法。三是数据的核验环节。随着数据的不断积累,各方数据的不断标准化与交互,数据的交叉核验以及历史数据的比对核验,将使得数据的质量不断提升。

四、高质量发展绿色金融的实施路径

在新的框架下如何高质量发展绿色金融?央行在金融科技规

划里提了一个非常有前瞻性的名词——"数字绿色金融"。这为金融机构落实结果导向的新发展理念提供了一条切实可行的实施路径。笔者对此进行了拆解,认为要从以下五个方面做好高质量发展绿色金融工作。

(1) 要实现政策数字化。党中央、国务院提出了新发展的指导意见,各个部委也分别在其管辖范围内联合其他部委提出了体系化要求。在量化结果的前提下,各类政策也应该实现数字化。政策的数字化应该是既提出结果考核指标,又提出过程约束指标;既体现激励措施,又体现惩戒措施;既提出宏观目标,又提出分解措施,还能够有纠偏机制。政策的数字化应该与业务的数字化融为一体,达到知行合一。

(2) 要实现标准的自动转译。当前计算碳排放的国家标准有24项,而计算核证自愿减排量(CCER)的标准有200多项,并且标准的数量随着技术的发展在不断增加和修订。实现标准的数字化,要求及时对标准的增补和修订进行系统层面的更新。标准就是计算规则,利用人工智能技术,对标准进行自动转译,可以大大节省系统建设成本并且提升系统持续服务的效率。

(3) 商业银行在目前的业务系统中,考虑了成本、收益、用户黏性、风控与合规等,但并没有考虑"碳"这个因子。未来,在商业银行的系统中,无论是存、贷、借,还是获客和风控,无论是反洗钱,还是反漂绿,都会从名词术语、数据元、报文等层面引入"碳"这一因子,从而实现商业银行业务系统的碳升级。以银行卡系统为例，可以预期未来不论是POS终端还是POSP，无论是收单端还是转接端、发卡端，都会引入和预留碳账户的相关数据元和报文接口，从而为建设统一标准的个人碳账户奠定基础。

（4）碳相关的大数据系统亟待建立。利用其他数据来计算碳数据，可以使得碳排放、碳中和、碳汇等相关数据的准确性更高，对企业的碳行为进行精准画像，从而较为准确地判断企业发展中的"双碳"相关风险。比如，对于绿色建筑的光伏发电的减碳量，可以将电网中的数据、光伏板控制软件中的数据，以及气象部门光照市场的数据进行交互验证，这样核验出来的数据就能作为碳交易或者绿色金融信贷的客观依据。

（5）绿色发展压力测试是一个验证商业银行绿色金融策略的非常好的数字化手段。根据气象数据、供需数据以及市场发展中的各类指标，调整相应的参数，检测商业银行在现有体系下的绿色金融策略是否合理，商业银行是否能够有效应对突发的一些变化。比如，未来元宇宙时代算力会增长千倍，商业银行是否做好了相应的绿色金融准备，这个在测试中会有相应的体现。

绿色金融对于金融机构而言，不再是区别于传统业务的一种新的业务类型，而是未来发展中要考虑的基础要素。希望更多的机构与个人能够更早地认识到绿色金融对未来发展的意义，更多的金融监管部门和金融从业机构能够早日找到绿色金融的发力点，并以此为契机，助力"双碳"目标的实现。

金融机构数字化转型新机遇

张 羽[①]

从行业发展大势来看，我国数字金融正处于一个持续迭代、正本清源、能力升级的发展阶段——金融科技3.0时代，它的主要特征是在监管合规的前提下，持牌金融机构风险高度自主可控、业务场景不断扩展。2022年是金融科技发展的新元年，是新的大政方针和具体行业新规实质性落地的关键一年，金融机构在这个新元年里面临新的趋势和机遇：一是形成"金融回归金融，技术回归技术，征信回归征信，流量回归流量"的各尽其职的合规经营局面；二是未来的同业竞争，除了比拼资源之外，更多是能力的比拼，以此奠定企业自身在新的竞争场景下独到的位置、角色和竞争优势；三是实现精准风控、精准运营和精准获客能力的充分融合，推动普惠金融增量提质，降低社会融资成本。

[①] 张羽，融慧金科联合创始人兼首席战略官。曾任百度金融风险战略部、金融科技部总经理。上海浦东国际金融学会特聘专家。

一、行业发展大势前瞻

自 2007 年中国第一家互联网金融平台"拍拍贷"成立，开启线上信贷业务，到 2013 年互联网金融的"元年"，整个行业进入井喷式的高速发展阶段，再到 2016 年互联网金融的"整改年"，整个行业开始进入合规发展阶段，这一时期，以 P2P 网贷为代表的互联网金融行业经历了从无到有、从小到大、从无序到合规的发展历程，我们称之为金融科技 1.0 时代。

2017 年 12 月，互联网金融风险专项整治工作领导小组办公室、P2P 网络借贷风险专项整治工作领导小组办公室正式下发《关于规范整顿"现金贷"业务的通知》，对现金贷业务开展原则、网络小贷清理整顿工作、银行业金融机构开展现金贷业务等方面提出具体要求，其中明确规定："设立金融机构、从事金融活动，必须依法接受准入管理。未依法取得经营放贷业务资质，任何组织和个人不得经营放贷业务。"此后，市场上可以从事贷款业务的主体仅剩商业银行、消费金融公司、信托公司、小额贷款公司。伴随监管持续趋严，P2P 平台纷纷转型，这一时期，行业逐渐形成互联网平台与金融机构合作的助贷模式，我们称之为更加合规发展的金融科技 2.0 时代。

2020 年 7 月，《商业银行互联网贷款管理暂行办法》出台，要求金融机构高度强调自主风控和自营业务，这标志着金融科技 3.0 时代正式进入落地期（见图 1）。金融科技 3.0 时代将是一个

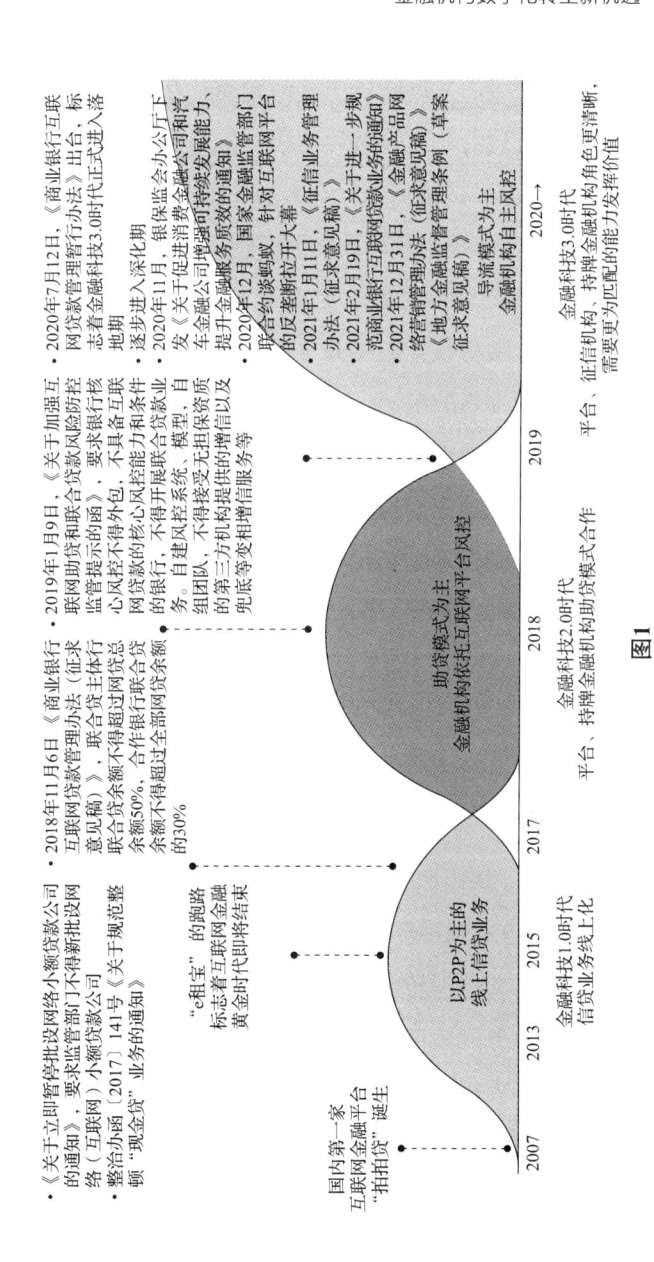

金融机构数字化转型新机遇 / 051 /

- 《关于立即暂停批设网络小额贷款公司的通知》，要求监管部门不得新批设网络小额（互联网）小额贷款公司
- 整治办函〔2017〕141号《关于规范整顿"现金贷"业务的通知》
- "租宝"的跑路标志着互联网金融黄金时代即将结束

- 2018年11月6日，《商业银行互联网贷款管理办法（征求意见稿）》，联合贷主体行联合贷款余额不得超过网贷总余额50%，合作银行联合贷款余额不得超过全部网贷余额的30%
- 2019年1月9日，《关于加强互联网助贷和联合贷款风险防控监管提示的函》，要求银行核心风控不得外包，不得银行核心风控能力和条件的银行，不得开展联合贷款业务。自建风控系统、模型、组团队，不得接受无担保资质的第三方机构提供的增信服务以兜底等变相增信服务等

- 2020年7月12日，《商业银行互联网贷款管理暂行办法》出台，标志着金融科技3.0时代正式进入落地期
- 逐步进入深化期
- 2020年11月，银保监会办公厅印发《关于促进消费金融公司和汽车金融公司增强可持续发展能力提升金融服务质效的通知》
- 2020年12月，国家金融监管部门联合谈鹅蚁，针对互联网平台的反垄断拉开大幕
- 2021年1月11日，《征信业务管理办法（征求意见稿）》
- 2021年2月19日，《关于进一步规范商业银行互联网贷款业务的通知》
- 2021年12月31日，《金融产品网络营销管理办法（征求意见稿）》《地方金融监督管理条例（草案征求意见稿）》
- 金融科技3.0时代，金融机构自主风控

国内第一家互联网金融平台"拍拍贷"诞生

2007　　2013　　2015　　2017　　2018　　2019　　2020→

以P2P为主的线上信贷业务

金融科技1.0时代，信贷业务线上化

助贷模式为主，金融机构依托互联网平台风控

金融科技2.0时代，持牌金融机构助贷模式合作

金融科技3.0时代，持牌金融机构角色更清晰，征信机构、平台，需要更为匹配的能力发挥价值

图1

持续迭代、持续升级的发展阶段。这一时期，互联网平台、持牌金融机构、征信机构的角色将更加清晰，金融机构自主风控和自营业务能力成为建设的核心。

为什么说2022年是金融科技发展的新元年？是因为2022年是新监管实质落地的开启之年，是新趋势更充分体现的奠基之年，是新模式在金融科技生态相关方落地的起步之年，金融机构在这个新元年会面临新的机遇。这些新监管、新趋势、新模式是国内金融科技行业发展近十年未有过的，是大多数金融科技从业者未经历过的，谁能踊跃拥抱监管、主动把控趋势、积极创新模式，谁就将在这充满机遇的新元年建立有方向、有底气、有信心的竞争优势。

二、金融机构数字化转型的新机遇

（一）新监管实质落地的开启之年

在过去几年中，国内监管部门密集出台了一系列规定，不仅涉及征信业务，还有互联网平台新的方向以及个人信息保护方面的规定等。显而易见，2022年是这些新规实质性落地的一年（见表1）。

（1）从征信业务的角度来看，征信的合规化、市场化、集中化特征已经形成。人行征信主要作为国家金融信用信息基础数据库，信息主要来自银行，而互联网、P2P、类金融等非传统金融领域的信用信息采集工程浩大。随着金融科技行业的快速发展，

表 1

发布时间	发布部门	文件名称	生效日期	过渡期截止日
2021年9月27日	央行	《征信业务管理办法》	2022年1月1日	2023年6月30日
2020年7月12日	银保监会	《商业银行互联网贷款管理暂行办法》	2020年7月12日	2022年7月12日
2021年2月19日	银保监会	《关于进一步规范商业银行互联网贷款业务的通知》	2021年2月19日（本通知第二条、第五条自2022年1月1日起执行）	2022年7月12日（本通知其他规定过渡期与《商业银行互联网贷款暂行办法》一致）
2020年8月19日	最高法	《关于审理民间借贷案件适用法律若干问题的规定》(2020修正)	2020年8月20日	2022年上半年定价窗口指导截止
2021年12月31日	央行、工信部、网信办、银保监会、证监会、外汇局、知识产权局	《金融产品网络营销管理办法（征求意见稿）》	征求意见中	
2021年12月31日	央行	《地方金融监督管理条例（草案征求意见稿）》	征求意见中	

对个人征信的需求日益升级。2018 年百行征信诞生，覆盖非传统金融领域放贷活动的信息和服务，同时积极尝试非信贷数据的引入和应用，与央行征信形成共同促进、互为补充的关系，开启了征信监管建设的里程碑。2020 年朴道征信成立，进一步加大了在第三方可替代数据源的合规采集与深度挖掘，标志着中国个人征信体系的市场化进入新的阶段。2022 年是征信新规的正式实施之年，市场化的征信服务会变得更集中、更高效，由此征信机构之间的市场竞争必然会形成。

（2）从金融机构的角度来看，自营业务和自主风控能力建设成为其必由路径。商业银行互联网贷款新规给予更加明确的界定，自主风控、自营业务被提高到一个新的标准，属地化管理以及出资比例、集中度指标、限额指标成为新的监管红线。同时，作为金融科技、消费金融和普惠金融的重要参与方，网络小贷、融资担保公司等非银行金融机构面临更多的规范化管理。此外，在信贷业务产品定价方面，2021 年下半年以来，很多金融机构受到属地金融监管部门的窗口指导，贷款利率不得超过 24%，过渡期 1 年。利率的进一步降低将引发金融机构之间更为激烈的行业竞争。

（3）从互联网金融平台的角度来看，对平台机构合作模式创新突破的合规性诉求越来越强烈。针对互联网平台的监管，从约谈到整改再到纳入常态管理。2021 年，央行、银保监会等部门联合对 13 家互联网平台进行约谈，直接对其引流、助贷、联合贷等业务进行一定程度的限制，要求平台机构不得将个人主动提交的信息、平台内产生的信息或从外部获取的信息以申请信息、身份信息、基础信息、个人画像评分信息等名义直接向金融机构提供。同时，"断直连"的具体方式也是行业持续讨论的热点。

2021年底颁布的《金融产品网络营销管理办法（征求意见稿）》，明确要求非持牌机构的第三方互联网平台不能以分润模式导流，并在金融业务营销推广及销售环节对互联网平台进行限制和规范。

（二）新趋势更充分体现的奠基之年

行业的新趋势是在行业监管的新法新规下必然的演进，也是监管意图在一个行业持续发展的必然体现。

（1）从"角色不清、边界不明"到"各尽其职的合规经营、互通互补的多元生态"。过去几年，金融科技的边界比较模糊，每一个公司或持牌金融机构的界限也不是很清楚，经过一系列的监管落地，金融机构、第三方金融科技公司、征信公司、互联网平台必然会形成"金融回归金融、技术回归技术、征信回归征信、流量回归流量"的各尽其职的合规经营局面，这种合规经营是全产业链、全业务维度的，但又不是完全割裂的，而是各主体互通互补形成多元生态，金融机构、第三方金融科技公司、征信公司、互联网平台等都会参与其中，为健康的金融科技新局面贡献各自的力量。

（2）良性竞争促动创新突破，资源整合加速能力分化。从金融机构的角度看，不管是银行、消费金融公司、小额贷款公司，还是其他的放贷主体，客户就是"用脚投票"，比如，风险比较高的客户不会重视体验，只重视能不能得到贷款，因此会找风控比较弱的金融机构；相反，高净值客户的信贷需求没有那么强，有需求的时候会寻求能够提供更优质授信体验的金融机构。因此金融行业强者恒强、弱者恒弱的"马太效应"将进一步凸显。在当前的监管形势下，金融科技的市场竞争将更加健康、良性，机构除了比拼自己的资源之外，更多比拼的是自己的能力，能力将奠定机构在新的竞争场景下独到的位置、角色，以及未来的竞争优势。

总的来说，金融业务需要通过持牌金融机构服务具体的客户，只有那些坚定数字化转型、坚定业务发展、坚定科技投入，充分借助市场上成熟的第三方金融科技公司、征信公司、流量平台的优势，有效整合资源的持牌金融机构，才能在金融科技的新局面下赢得更大的市场，争抢到"马太效应"的优势，加速拉大与其他持牌金融机构的差距。

（3）普惠金融"增量提质"，社会融资成本下降。监管新规、金融同业之间的竞争以及各类金融科技技术的应用最终的落脚点还是在普惠金融上。监管机构希望普惠金融能够围绕"增量"和"提质"做得更好，"增量"就是"普"，旨在引导持牌金融机构打造产品和风控能力，服务更多的客户，尤其是优质客户和需要重点支持的客户,这与金融科技互通互补的新局面是一脉相承的;"提质"就是"惠",旨在优化金融供给结构,实现金融资源更加精准供给,更加重视金融服务科技创新,高质量地服务优质用户,这里的高质量更多体现在服务效率高和服务定价低两个层面。

总而言之,就是如何把精准风控、精准运营、精准获客能力充分地融合,不管是个人还是小微企业经营者,都能得到更加便捷、合适、低成本、高效率的金融服务。

(三) 新模式广泛落地的起步之年

在新监管、新趋势下,什么样的模式才能进入又好又快发展的路径?

(1) 监管要求持续升级,金融机构面临巨大的竞争与挑战,如图2所示。

一方面,随着时间的推移,监管新政密集出台,不仅提高了精准获客、展业转化及风险管理的要求,还提高了精准定价方面的要求;另一方面,从金融机构自身的能力现状来看,在监管新规下,风控能力和获客能力都成为金融机构的"看家本领"。但互联网金融平台直接输出"强风控能力"的环境会越来越弱,不仅要数据"断直连",而且要业务"断直连",失去了互联网平台风控能力支撑的互联网金融,能力现状与监管要求二者之间的缺口将持续扩大。

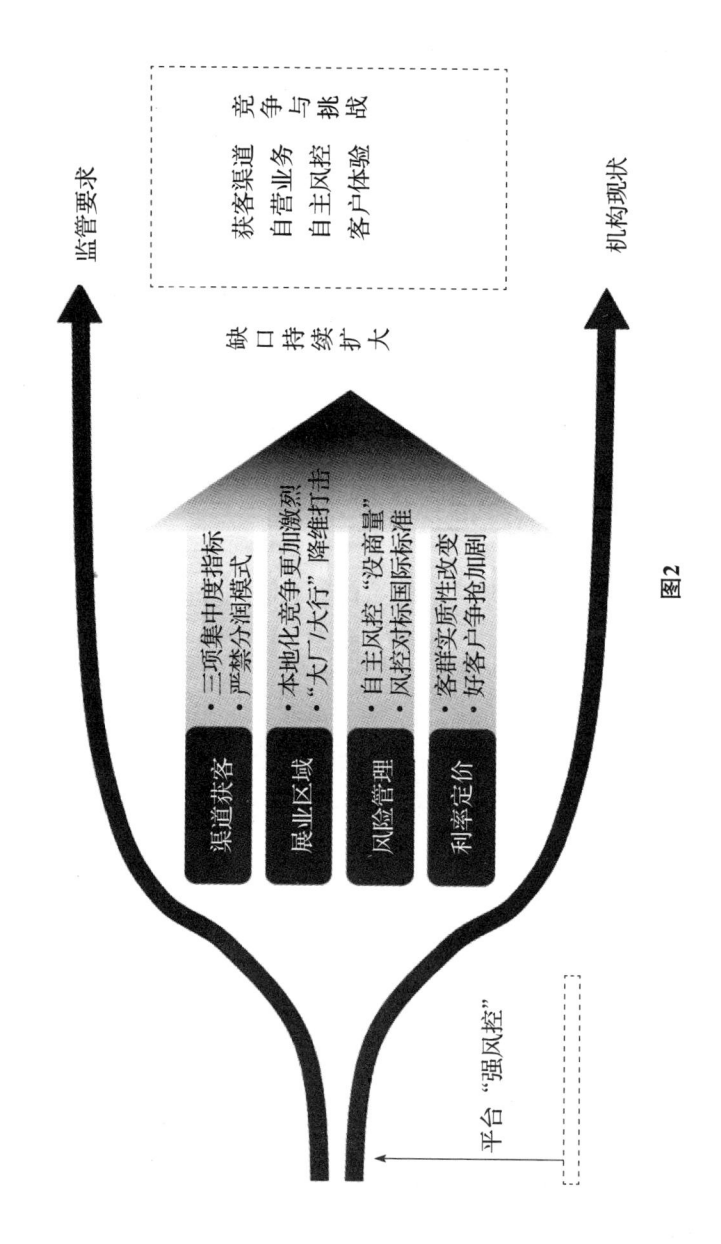

058 数字金融——塑造中国金融新格局

监管要求 ↑

竞争与挑战
- 获客渠道
- 自营业务
- 自主风控
- 客户体验

缺口持续扩大

- 三项集中度指标
- 严禁分润模式

- 本地化竞争更加激烈
- "大厂/大行"降维打击

- 自主风控"没商量"
- 风控对标国际标准

- 客群实质性改变
- 好客户争抢加剧

| 渠道获客 | 展业区域 | 风险管理 | 利率定价 |

机构现状 ↑

平台"强风控"

图2

特别是在同业之间、金融机构之间竞争比拼的过程当中，精准获客、自营业务、自主风控和优质客户体验的压力会越来越大，这将成为未来几年的主旋律。

对于金融机构而言，从助贷模式转向自营业务和自主风控，要想解决获客、数据、系统、风控、运营等问题，除了人才培育、体系建设，更需要以开放的心态与平台公司、征信公司、第三方金融科技公司合作，在合规前提下推动自身体系建设从"数据要素的空白填补"向"价值驱动的能力增强"转变；在决策体系方面，从"基于风险或业务量"向"客户价值导向"转型升级，随着信贷资产组合的扩大，从"侧重新增管理"向"加强对资产质量的实时监控与风险预警"转变。

众多持牌金融机构在数字化转型新模式下面临巨大的挑战：一是自建体系的成本消耗巨大，需要巨额的资金投入（底层、架构层及应用层的改造），试错成本非常高。除了资金和人力外，时间成本是关键，过去或许可以花几年的时间来总结踩雷经验，但在当下"十四五"规划窗口期时间是不等人的，同业竞争是不等人的。二是需要大量优秀、合适的人才，如何找到和培养优秀人才，特别是具有金融和科技复合属性的人才，是金融机构的一大难点。不仅如此，一个相对完整的风控团队至少需要十几人、几十人，甚至上百人，需要持牌金融机构有很大的决心进行人力方面的投入。

互联网金融应该怎么做，"坑"在哪里？如何做到快速持续地发展？如何让企业的业务能够跑赢大势、赢得客户？金融机构寻求像融慧金科这样的第三方金融科技公司的支持，主要看中以下几点：一是合规保障，以技术赋能角色，确保行方自主风控；二是发展保障，帮助银行"多快好省"地实现规模化业务拓展；三是利润保障，不盈利不收费，确保银行零售信贷业务健康发展；四是提升保障，融慧金科首创全程"白盒"交付，与合作机构深度分享实战中的技术能力及经验，助力银行业务能力提升和团队成长。

（2）金融科技深度赋能，助力金融机构实现数字化转型。近两年，我国金融数字化创新迅猛发展，一部分先行起跑的持牌金融机构已经享受到了数字化转型所带来的效益。下面和大家分享一个具有代表性的银行数字化转型成功的案例：某头部城商行深度打造模型验证及模型风险管理的"三道防线"战略。

在数字信贷领域，模型是高效解决业务痛点的"天使"，但管理不好也可能成为反噬业务的"恶魔"。国际上因模型风险引发的重大金融风险事件比比皆是（如美国长期资本管理公司（LTCM）破产、美国次贷危机、伦敦鲸事件等），如果没有有效的模型风险管理，模型所具有的效率优势反而会迅速将缺陷产生的风险转化为巨大损失，从而对银行经营产生威胁，甚至会给整个金融体系的稳定性带来巨大冲击。因此，监管部门和金融机构已充分意识到，必须从全局视角对模型全生命周期进行统一管理，有效防范模型风险，实现自身稳健发展，方能更好地服务实体经济。

在这一背景下,该城商行秉承开放银行战略,针对模型风险管理中存在的痛点难点,引入融慧金科模型验证及管理咨询解决方案,对标国际领先的"三道防线"原则及国内金融业务模型风险管理最佳实践,从模型全生命周期管理框架搭建、模型验证、模型优化三个发力点,"多快好省"地落实金融监管要求及内部风险管理要求,实现对全量模型的自动化监控与管理,更好地赋能业务,推动普惠金融服务稳健发展。

具体来讲,作为城商行消费金融领域的"领头羊",该城商行借助金融科技赋能,积极推动战略转型与管理升级协同,不断提升资本管理、资产负债管理、数字化经营能力,使风控基因深入经营发展,把做好风控作为可持续发展的根基。融慧咨询专家团队通过赋能上百家金融机构模型风险管理的方法论与实战经验,在明确该城商行业务痛点和需求的基础上,立足模型全生命周期管理,聚焦规范化验证模型、资产沉淀、自动化监控及预警等,为该城商行交付了完整的模型风险管理咨询方案与落地系统工具,包括:

一是建立起以"三道防线"为核心的基本组织架构,给模型带来有效审查与质疑。成立模型风险评审委员会,并辅助该行确定标准化的风险模型评审机制;协助行方筹建模型风险管理的"三道防线",包括模型开发部门、模型验证部门和内审部门,形成合规且高效的组织架构与人员职责分配,并制定符合监管要求的模型风险管理政策和相关规范，实现科学有序管理，确保全行模型风险可控。

二是对核心风险模型进行全面验证，并在验证过程中优化模型及算法应用。融慧咨询专家团队结合行内已有模型情况、分级情况等，制定出评分卡和决策树等模型验证实操手册，包括样本选择、特征工程、变量筛选、指标监控、压力测试、常见问题及应对方案等模块，全面助力该行体系化掌握模型全生命周期中不同阶段的模型验证方法。同时，总结出适合行方的关键监控指标与方法，制定模型风险指标库，并针对性提出模型监控和预警的行动建议，辅助该行完善现有模型风险监控工作。

三是做好长期系统工具的布局和规划，借助系统工具有效提升模型风险管理的效率和质量。基于融慧金科自有系统能力，结合行方实际需要，为该行梳理出现有模型管理模式中存在的痛点，并提出自动化优化建议。例如，利用模型风险监控平台（具有模型分级监控、灵活配置 Y 标签、监控报警、报告生成等功能），助力行方以可视化形式横向对比模型的应用情况，纵向监控模型效果波动趋势，并对模型变量、模型分数的指标异常变化予以持续监控和实时报警，并在第一时间触达相关负责人；利用模型全生命周期管理平台（具有模型全生命周期流程管理、数字化资产沉淀、自定义审批流程、一键下载模型文档等功能），全面解放线下手工作业，提升模型风险管理的效率与合规性。

项目实施后，该城商行实现了防范模型风险、赋能业务的初表，全面满足了金融监管在模型风险管理方面的严格要求：基于一整套企业级模型风险管理体系框架，覆盖模型全生命周期管理，明确在开发、验证、评审、监控、退出等环节的指标和标准，形成企业级模型资产复用，解放模型人员手工作业，提高工作时效性和质量；同时，实现对模型风险管理的自动化监测，及时高效识别模型风险，避免给业务带来损失。

不仅如此，融慧咨询专家团队依托先进 AI 建模技术和丰富经验，根据行方具体业务、目标客群、决策环节和数据情况等，采用最合适的建模方案，促进行方模型效果显著提升，且在五大方面（区分度、稳定性、准确性、可解释性和敏捷迭代性）都达到最优，同时还确保现有模型在不断优化和迭代中，始终满足合规要求。此外，通过首创"白盒交付"方式，融慧金科将多年沉淀的专业技术能力和金融风控实战经验，包括建模思路、变量筛选、验证方法等，完全开放给合作伙伴，并带动该行模型人员共同参与项目，以"授人以渔"的开放心态，帮助客户在取得预期的业务优化效果的同时，实现自身人才队伍的快速成长。

第 2 篇

技术与路径

Web 3.0 数字新生态

李 鸣[①]

关于元宇宙，众说纷纭，技术、应用、资产、服务、产业、生态和哲学等不同层次的定义混杂，严重影响业界对元宇宙的认识。本体论是科技哲学的重要理论，是在科技发展初期解释科技发现的有效方法。通过本体论可以从不同视角调查、分析和研究事物的现象、范例及其相互关系，提炼科技发现本质的定义、知识、要素及其内在逻辑结构，并用数学方式将知识固化成科技范式，通过计算机相关技术和标准化方式呈现。对于元宇宙，需要用系统分析的方法明确外延、内涵和核心要素，从而统一产业共识，降低产业沟通成本，加速推动元宇宙产业支撑数字经济高质量发展。

[①] 李鸣，中国电子技术标准化研究院区块链研究室主任，IEEE 计算机协会区块链和分布式记账标准化委员会主席，全国信息技术标准化技术委员会元宇宙研究组秘书长。

一、元宇宙是数字经济的新引擎

数字经济是以数据资源为关键要素，以数字科技为支撑的经济形态。数字产业化和产业数字化是数字经济的重点内容，数字产业化主要是推动数字科技形成规模化产业，产业数字化主要是利用数字科技支撑和推动传统产业转型升级（见图1）。在这个过程中，可以基于区块链等数字科技推动信息技术服务加速数字产业化，依托元宇宙的新场景拉动信息消费促进产业数字化。

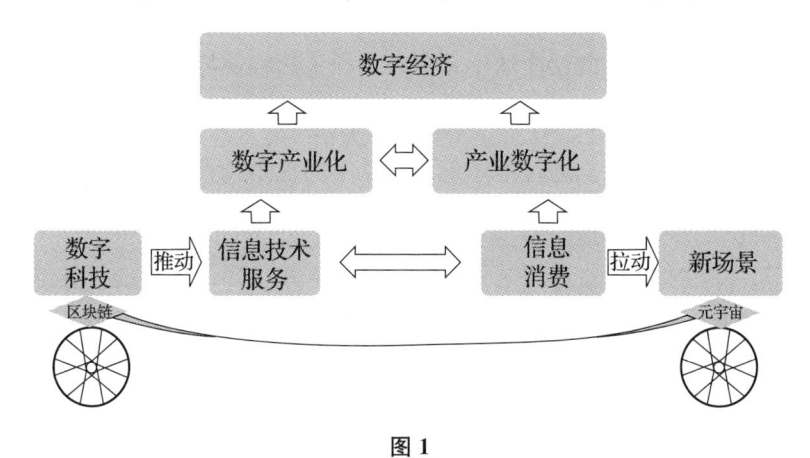

图 1

（一）国家战略为数字经济发展注入强劲新动力

2021年3月，《中华人民共和国国民经济和社会发展第十四个五年规划和2035年远景目标纲要》正式发布，在第十五章打造数字经济新优势的第二节和第三节分别提出"加快推动数字产业化"和"推进产业数字化转型",并将区块链与云计算、大数据等新一代信息技术列为数字经济重点产业。2021年12月12日,国务院印发《"十四五"数字经济发展规划》,在第五章和第六章分别提出"大力推进产业数字化转型"和"加快推动数字产业化",并将区块链作为加快推动数字产业化和增强关键技术创新能力的重点方向之一。国家战略不仅明确了数字经济的发展目标,也指出了数字经济的发展方向,并给出了数字产业化和产业数字化的发展路径。同时,也明确了区块链在数字经济中推动数字产业化的战略作用。元宇宙的出现为产业数字化带来新的消费场景和模式,将汇聚社交、娱乐、金融、教育等更多产业资源,与区块链为代表的数字科技推动数字产业化形成合力,加快培育数据要素市场、价值体系、市场规则和配置作用,完善数字经济治理体系,加速推动数字经济演进,形成数字经济新优势。

(二)区块链推动信息技术服务拓展,助力数字产业化驶入快速道

2021年11月15日,工业和信息化部印发《"十四五"软件和信息技术服务业发展规划》,在其中的主要任务"激发数字化发展新需求"中提出"服务信息消费扩大升级",在"推动软件产业链升级"中提出"优化信息技术服务",并多次对区块链技术和平台发展提出具体要求。

从技术视角来看，区块链已由初期的技术探索进入平台化、组件化和集成化发展阶段。主要体现在：（1）平台化推动形成城市链网。长安链、蜀信链和海河链等城市链纷纷出现，城市链互相联通后将形成城市链网，以支撑更大规模的应用场景。（2）组件化推动形成组件服务网络。身份认证、隐私计算、智能合约等关键组件已形成独立平台，共同支撑应用创新的价值已经显现，更细分技术市场即将出现。（3）集成化推动形成面向数据和多技术融合的数字科技操作系统。区块链将与大数据、云计算、人工智能等新一代信息技术深度融合，实现数据和资产价值的最大化。在平台化、组件化和集成化发展的过程中，将形成围绕区块链的数字科技体系和信息技术服务体系，更大规模的创新应用场景落地实现获得支撑，数字产业化的新格局加速形成。

从应用视角来看，区块链技术正在从大规模应用探索向业务深度融合演进，存证溯源、数据共享、供应链管理、金融服务等创新应用场景不断涌现，在政务、金融、教育、制造等众多领域得到深入应用，在应用过程中产生新的业务形态和商业模式，形成可编程经济、分布式共享经济等创新经济生态，促进区块链技术体系、应用体系、服务体系"螺旋式演进"，迭代式发展的局面逐步形成。区块链技术的发展将有力加速数字产业化进程。

（三）元宇宙拉动信息消费升级，促进产业数字化新格局

2021年底，上海市经信委印发的《上海市电子信息产业发展"十四五"规划》中提到对元宇宙的产业布局。该规划提出，要加强元宇宙底层核心技术基础能力的前瞻研发，推进深化感知交互的新型终端研制和系统化的虚拟内容建设，探索行业应用。元宇宙涉及区块链、人工智能、人机交互、云计算、信息安全等多个技术领域，具有大规模协作、沉浸式、自组织、多样性、用户创造生态等特点，容纳工业制造、社交娱乐、文化旅游、社会治理、金融服务等众多场景，汇聚内容管理、身份认证、支付交易、资产管理、模拟仿真等多种服务，为信息消费提供了新场景，是数字科技发展的一次重要的融合创新和突破，将会推动形成数据和资产要素的价值体系和市场规则，培育更多信息消费的新型市场主体，形成跨多个领域、地域的价值链和产业链，催生新的信息消费模式和习惯，拉动信息消费快速增长，加速各行业产业数字化进程。

以区块链为核心的数字科技可以推动信息技术服务，从而促进数字产业化；元宇宙可以创造和创新更广泛的应用场景，拉动信息消费，促进产业数字化。因此，以区块链为核心的 Web 3.0 技术体系推动形成的元宇宙数字生态，将为数字产业化和产业数字化提供有力支撑，为数字经济高质量发展打造新引擎。

二、元宇宙是数字共识生态的集成逻辑表达

1997 年 J. Studer 定义 Ontology（本体）为"共享概念模型的明确的形式化规范说明"，并提出本体论应包括 Conceptualization（概念化）、Explicit（明确性）、Formal（形式化）和 Share（标准化）四个方面（见图 2）。我们应用本体论的方法，抽象元宇宙的现象和表现形式，明确其关键要素和内在逻辑结构，通过形式化指导工程实践过程，并用标准化构建概念集，形成更大范围的共识和共享。

概念化 Conceptualization	明确性 Explicit	形式化 Formal	标准化 （共享）Share
治理系统 协作系统 经济系统 内容系统 技术系统	数字共识生态的 集成逻辑表达 组织 身份 资产 活动	元空间 元场景 元服务 元系统 元网络	基础类 技术和平台类 数据和协议类 内容和资产类 应用和服务类 治理和监管类

图 2

（一）概念化

概念模型是从普遍性的现象研究到收敛成为知识的科学方法。从概念模型的视角来看，元宇宙是技术系统、内容系统、经济系统、协作系统和治理系统的叠加。技术系统的核心是融合，应具有开源开放、可编程、互联互通、可扩展、可插拔等技术特点；内容系统的核心是传播，应具有多种内容生成方式、内容呈现模式和内容运营管理等机制体制；经济系统的核心是交换，需要提供价值载体、交换机制、身份认证、激励机制、权益保障等机制体制;协作系统的核心是共识,需要多方协作、自律等精神;治理系统的核心是规则,需要提供科技伦理、版权保护、内容监管和金融合规等保障。

(二)明确性

可以依据当前的产业现象和信息抽象出元宇宙的概念和知识体系。通过分析元宇宙的相关概念,剖析元宇宙的现象和本质,可以将元宇宙的概念归纳为:元宇宙是数字共识生态的集成逻辑表达。数字是指元宇宙的核心要素一定是在数字空间中,并通过数字技术表现。共识是指元宇宙的产业相关方应在共治的基础上,就权利、责任和义务等重要事项达成普遍的共识。生态是指元宇宙需要众多相关方参与,形成相互影响、相互促进的动态平衡的统一体。集成是指元宇宙需要通过众多技术形成集成体,以支持元宇宙生态的稳定运行。逻辑是指元宇宙是众多要素组合的系统,各项要素之间要有逻辑关系,各项要素自身也需要有内在的逻辑体系。表达是指元宇宙要在不同层次上呈现出特定的表现形式,从而形成聚象的、可工程化的最佳实践。元宇宙的核心要素包括组织、身份、资产和活动,通过核心要素的相互作用,推动形成数字共识生态的集成逻辑表达。

(三)形式化

形式化需要基于计算机科学建立逻辑框架,以呈现和运行本体论中的逻辑对象及相互关系。依据计算机领域常用的形式化分层方法，元宇宙可以分为元网络、元系统、元服务、元场景和元空间五层架构。元网络包含通信、存储、计算、网络等支撑性技术，为元宇宙提供底层基础设施；元系统以区块链为核心，集成大数据、云计算、人工智能、物联网、人机交互和信息安全等技术，为元服务提供系统级基础技术能力；元服务包括身份认证、隐私计算、环境渲染、激励机制、内容运营、支付交易、资产管理、3D 引擎和模拟仿真等技术，为元场景的搭建提供支撑；元场景包括元宇宙在工业制造、社交娱乐、文化旅游、社会治理等方面的应用，为用户消费提供具体应用支持；元空间包括内容呈现、位置感知、人机互动、感官触达等环境支持，为元宇宙提供与数字空间相适应的物理空间支撑。每个元场景可以形成次元宇宙，多个元场景可以组成元宇宙，多个元宇宙可以组成多元宇宙，其中会产生跨平台或跨域的身份认证、内容交互和资产流通等问题，而区块链具有的技术特性对于这些问题的解决具有独特的优势。

（四）标准化

元宇宙本体论的"共享"可以通过标准化的形式表现。标准是在科学研究和理论实践的基础上，在一定范围内经过协商一致获得的最佳秩序。元宇宙的标准可分为基础类、技术和平台类、数据和协议类、内容和资产类、应用和服务类、治理和监管类。

基础类标准为其他标准建立共同的语言环境，包括术语、本体和分类、代码和标识、参考架构等内容。技术和平台类标准主要规范技术系统的分布式网络、智能计算、数据流动、信息安全和隐私保护等；数据和协议类标准主要规范数据格式、数据共享和流动、人机交互、系统兼容和互操作、跨平台身份互认等。内容和资产类标准主要规范内容创作工具和方法、虚拟数字呈现引擎、内容生命周期管理等，以及与资产相关的数字资产标识、资产生命周期管理、资产交换和流通等。应用和服务类标准主要是规范元宇宙在工业制造、文化旅游、社交娱乐等产业服务等内容。治理和监管类标准主要包括系统和服务能力测评、数字版权保护、数字身份认证、内容监管、数字资产合规、科技伦理等内容。

三、元宇宙是以区块链为核心的 Web 3.0 数字生态

尽管元宇宙不是技术词汇，却需要复杂的底层技术逻辑支撑。其中，区块链、人工智能、数字孪生、人机交互、物联网等面向数据的新一代信息技术的演进并非偶然，而是从 Web 2.0 向 Web 3.0 演进的技术准备，虽然技术就绪度尚有发展的空间，但基本完成了单项技术体系的构建。以往各项技术的独立发展没有形成闭环的商业生态，是因为各项数字科技的技术特性只覆盖数字经济的一部分。比如物联网的数据采集、5G 的传输、大数据的处理、人工智能的利用和区块链的保障，每项技术只完成数

据要素生命周期的一部分，需要更大、更聚焦的概念、场景和商业模式拉动新一代信息技术进一步融合，从而构建面向数字化生态的基础设施，以支撑元宇宙复杂的应用逻辑、业务创新和商业模式。因此，从技术上来看，元宇宙是 Web 3.0 技术体系和运作机制支撑下的可信数字化价值交互网络，是以区块链为核心的 Web 3.0 数字新生态，是推动数字产业化和产业数字化的重要手段（见图3）。

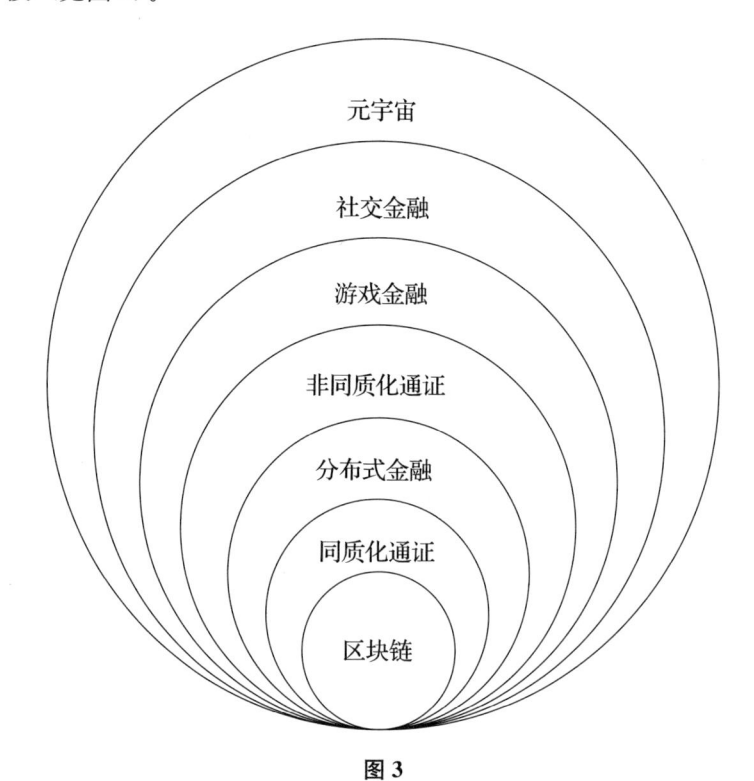

元宇宙

社交金融

游戏金融

非同质化通证

分布式金融

同质化通证

区块链

图3

区块链是用密码技术将共识确认的区块按顺序追加形成的分布式账本，具有技术、金融和社会属性。回顾区块链的发展历程，与技术属性相关的 BaaS、跨链、隐私计算、身份认证、分布式存储和计算等底层平台为金融、制造、教育、能源等行业的分布式应用提供了基础设施。与金融属性相关的 FT（同质化通证）、DeFi（分布式金融）、NFT（非同质化通证）和 xFi（泛指在各个领域的金融形式）通过大量的实践探索数字化金融服务模式，同时也带来新型金融风险，需要在合规的前提下审慎发展。其中，FT 在金融体系中探索了新载体的可能，利用区块链技术解决了数字环境下金融交易的双花等问题；DeFi 正在尝试创新传统金融服务模式，基于分布式网络环境的借贷、质押、交易等金融服务纷纷出现；NFT 进一步在数字生态中呈现了资产的表现形式，在映射物理资产的同时，催生了大量原生数字资产，扩大了数字经济的资产规模和想象空间。GameFi（游戏金融）尝试将 NFT 带入特定的真实消费场景，SocialFi（社交金融）进一步扩大了 GameFi 的应用场景，在增加数字协作活动的同时，扩大了数字资产的消费空间，xFi 的出现为 FT 和 NFT 提供了多样化、个性化的娱乐和社交的信息消费场景，未来更多 xFi 将会出现在教育、能源、制造、旅游等产业中，这将进一步加速数字环境下的资产流通和信息消费。从社会属性来看，尽管 DAO（分布式自治组织）模式尚无成熟业态，但却为数字环境下的协作模式提供了新的思考。元宇宙的出现正是区块链技术、金融和社会属性发展的必然趋势,其持续性、实时性、开放性、兼容性、连接性、创造性、多样性等特点有助于构建更多数字场景,推动建立以区块链为核心的 Web 3.0 的数字生态,在推动数字产业化的同时,促进产业数字化的发展。

就像现实的社会生态一样,组织、身份、资产和活动将成为促进元宇宙健康发展的核心要素,区块链的技术、金融和社会属性将帮助构建可信数字化价值交互网络(见图 4)。

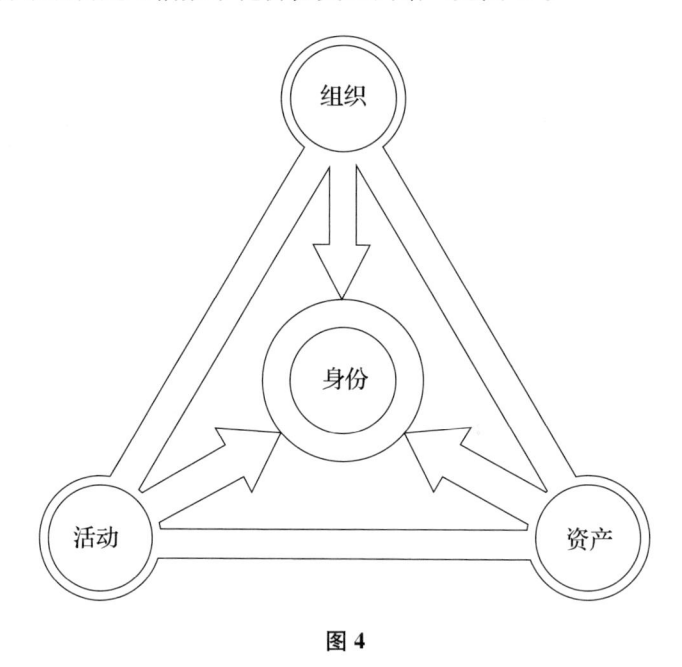

图 4

首先,传统互联网平台极易产生垄断型组织形式和商业模式,无论是 Web 1.0 的网站,还是 Web 2.0 更大场景的内容交互，都是平台占有绝对的优势，它既控制着内容传播，也控制着基于内容产生的收益。尤其是在 Web 2.0 环境下，一旦形成平台生态，就会以平台为工具从所有相关方获取高额的利益，而 Web 3.0 的核心观点是用户和建设者共同拥有网络。在元宇宙中可能形成用户和建设者自治的组织形式，其组织规则在符合监管的前提下由程序代码来执行，这就需要利用区块链技术达成最大范围的共识，配合监管形成元宇宙的健康生态秩序。物理世界的社会角色将会在数字环境中以数字形态存在，这种变革将带来深远的影响。比如在物理环境下税务部门承担着十分关键的社会职能，在数字环境下，虽然可以构建税务元宇宙，但其本质就是一段程序，在协作交易过程中自动完成税收程序。

其次，传统集中式身份验证模式极易产生安全威胁和隐私滥用问题，而元宇宙不仅要能与真实身份绑定，还需要在不同应用场景、次元宇宙、元宇宙间切换，这就需要利用区块链技术建立新的分布式身份认证体系，从而在跨生态网络中保护隐私和数据安全。以虚拟数字人为例，每个元宇宙都会有独特的应用场景，但如果在每个元宇宙中都有不同的虚拟数字人，将会给用户带来很大的困扰，增加监管的复杂度。因此，需要通过区块链建立分布式身份认证体系，支持虚拟数字人在不同应用场景中切换，实现虚拟数字人的静态属性、动态属性和资产随着虚拟身份同步切换。从社会学视角来看，虚拟数字人是没有人类身份的数字化形象，会带来使用权、运营权等问题，同时也将带来法律、伦理、资产、安全等一系列新的社会问题。区块链技术可以通过分布式账本和智能合约实现虚拟数字人的权利分配和责任制约。

再次，资产是物理世界和数字世界的核心要素，是促进经济循环的必要载体。在数字世界中，资产的形态多种多样，可以是文字、视频、音频等数据资产，也可以是游戏装备、影视作品、数字藏品、数字建筑等数字资产，还可以是股票、证券等金融资产，这些资产都可以表现为FT和NFT。只有以资产为核心的元宇宙应用场景才能成为可持续发展的产业和生态，只有完成资产的确权并进行转移、交易和流通，才能形成真正的经济体系。元宇宙中的道具、装备、UGC内容都需要以区块链为核心的元系统提供注册、登记、交换、交易等功能，区块链的技术属性将为资产提供存证和确权等支持，金融属性将为资产提供载体和表现形式，同时为基于资产的价值交换提供保障，社会属性的组织治理模式将加速数字资产在元宇宙中的交换和流通。

最后，元宇宙中的一切活动皆可收敛为数据，多元宇宙（元宇宙和元宇宙）之间、次元宇宙（元宇宙内不同应用）之间、元宇宙和外部设备之间的数据交互过程，以及外部设备采集、存储、处理、分发、利用和处置个人行为数据的过程，都需要区块链的技术来支持。Web 2.0最大的问题是平台对用户数据的垄断和消费，平台在通过眼球经济汇集用户数据的同时，通过广告、撮合等商业模式，独享用户数据和内容产生的价值。用户在平台上贡献内容和数据时，只能获得自身的认同感和微薄的收益。数据主权的归属及其产生价值的回归正是 Web 3.0 发展的目标,通过区块链技术可以建立分布式身份认证体系,让用户的数据、内容和资产等附着于独立可控的身份链,商业组织可以在用户的授权下获得相应的数据和内容,并支付等价的价值,从而从根本上解决 Web 2.0 环境下垄断型经济体系的问题。

综上,元宇宙数字共识生态的集成逻辑表达,是以区块链技术为核心的可信数字化价值交互网络,是基于 Web 3.0 技术体系和运作机制的数字新场景、新产业和新生态,将会在数字环境下催生大量创新的商业模式,形成数字空间新范式。当前,亟须统一产业共识,加强以区块链为核心的元宇宙技术体系、服务体系、经济体系和治理体系研究,明确元宇宙技术发展路径,探索元宇宙加速信息消费的商业模式;探索技术集成方法,破解分布式身份认证、跨生态互联互通、数字资产流通、数字内容治理等焦点问题,鼓励研发区块链、人工智能、人机交互、物联网等多技术融合的数字科技操作系统;创新应用场景和商业模式,推动数字环境下的智能制造、信息消费、智慧城市、文化旅游等领域的应用创新,利用新技术升级传统产业基础设施,建立工业元宇宙、城市元宇宙、金融元宇宙等创新型商业生态;加强科技伦理治理研究,研判隐私保护、技术歧视、算法绑架、非法集资等相关风险,制定金融服务管理、内容和资产合规监管、数字版权保护和用户在线权益保障等策略,推动形成可监督、有活力、可推广的高效治理机制。

元宇宙金融

欧阳日辉[①]

  2021年，最火爆、最有争议、最有想象空间的概念就是元宇宙。政府和市场都高度关注元宇宙，上海、合肥、武汉已将"元宇宙"写入政策文件中，中国人民银行印发的《金融科技发展规划（2022—2025年）》，在"加快金融服务智慧再造"中提出"搭建多元融通的服务渠道"，虽然没有用"元宇宙"这个概念，但使用了元宇宙中涉及的一些技术和场景。市场变得越来越理性，越来越多的人认为元宇宙代表未来的趋势，平台开始探索元宇宙，金融机构也在尝试。
  人类总是要通过各种方式去超越现实，遐想是超越现实境界的想法。元宇宙本身并不是用来替代现实的，也不是用来逃避现实的，而是用来超越现实的。我们需要思考的问题是：元宇宙的经济体系是什么？元宇宙世界的金融是什么？元宇宙对金融发展有哪些影响？如何利用元宇宙技术创新金融发展？

[①] 欧阳日辉，中央财经大学中国互联网经济研究院副院长、教授。

一、元宇宙的经济体系

2021年,"元宇宙"(metaverse)迅速蹿红,一系列事件把元宇宙推进了"元年"。究其原因有两个:一是 VR/AR 硬件、人工智能、数字孪生、云计算等关键技术逐步发展迭代,迫切需要一个可以协同共进的应用场景,用元宇宙概念能很好地总结或者包装过去几年大部分技术的应用;二是 5G 商用普及,需要一个重量级的应用模式和创新性场景,解决 5G 专网在研发、网络、应用层面投入产出失衡的状态。

元宇宙到底是什么?其实目前并没有一个统一的概念,互联网巨头的理解也是各不相同。马克·扎克伯格口中的元宇宙是现实与虚拟的结合,让世界不再有距离。英伟达的元宇宙是把现实世界搬到虚拟世界中,通过完全的复制,提高产业的规划与实际效率。Roblox 则认为元宇宙包括八大因素:身份、朋友、沉浸感、低延迟、多元化、随时随地、经济系统和文明。

目前,关于元宇宙的分歧集中在元宇宙是不是下一代互联网。越来越多的机构和学者认同:元宇宙,就是下一张互联网,是第三代互联网。PC 互联网是 1.0 时代,移动互联网是 2.0 时代,元宇宙将是互联网的 3.0 时代。

metaverse 是一个合成词:meta(希腊语中超越的意思)+ verse(universe 的简写),从字面可以理解为"超越现实宇宙的另一个宇宙",也可以理解为 parallel universe(平行宇宙)。当前，关于元宇宙最有代表性的定义是：元宇宙是一个平行于现实世界又独立于现实世界的虚拟空间，是映射现实世界的在线虚拟世界，是越来越真实的数字虚拟世界。

元宇宙是一个平行于现实世界且能互联互通的虚拟世界。元宇宙是对现实世界的超越，是新型虚实相融的互联网应用和社会形态。在这个世界中，人们能够通过虚拟的数字身份进行交互，并且可以进行创造、共享、共治，甚至产生一些经济活动。所以，元宇宙不仅是游戏，也是全球创新竞争新高地。

比如，阿里巴巴的业务核心在于电商。阿里巴巴围绕淘宝、天猫等电商平台以及支付宝平台，逐渐打造自身的元宇宙平台。阿里巴巴打造的元宇宙分为四层：全息构建、全息仿真、虚实融合、虚实联动，每个层级不一定逐级上升，也可以并行发展。阿里巴巴的元宇宙是消费场景，延续了互联网一贯的做法，即流量从线下往线上转移，本质上都是渠道转移，将冲击现有的线下商业模式。

从经济学的视角看，元宇宙这个虚拟世界有五个非常重要的特征：（1）体验：史无前例的沉浸感和参与感。（2）规则：元宇宙形成独立的社会规则与社会文明。（3）超越：有机会实现或超越人和人的交互体验，人们在元宇宙中能够做到某些在现实世界中做不到的事情。（4）身份：元宇宙是"数字"社会，所有进入元宇宙的个体均拥有数字身份。（5）资产：元宇宙拥有经济系统，数字资产自由流通。

元宇宙的这些特征是由它的底层技术实现的，BIGANT中的这六个字母代表的就是元宇宙最重要的底层技术：B——区块链技术，I——交互技术，G——电子游戏技术，A——人工智能技术，N——网络及运算，T——物联网技术。正是这些形形色色的底层技术使得元宇宙实现对现实世界的超越。

游戏、社交是元宇宙率先落地的应用场景，但元宇宙构想的场景和世界远不止于此。事实上，元宇宙技术的发展对于远程工作、电子商务、软件开发、工业设计、智能制造、城市管理、数字农业等2B的业务场景更容易产生变革性的影响。我们必须站在重塑全球竞争格局的高度，站在中华民族伟大复兴战略全局和世界百年未有之大变局的高度，基于做强做优做大我国数字经济的视角，基于网络强国和发展实体经济的视角来研判、诠释和发展元宇宙。

二、元宇宙世界的金融

既然元宇宙是一个经济系统，就得从经济学的视角来审视元宇宙的世界是一个什么样的世界。元宇宙必然会有一套自己的经济金融系统和逻辑，且这套系统应该与传统经济金融系统互联互通。

元宇宙领域有很多优秀的项目，投资、创作和游戏是项目应用场景的基本逻辑，也是用户参与元宇宙赛道的方式。比如，Roblox在沙盒游戏的基础上，打造了稳定的经济系统。在经济激励下，用户的创作热情被激发，目前国内外各平台已推出超过1 800万个元宇宙游戏体验。Roblox之所以被称为元宇宙第一股，不在于其技术水平有多高，而是整个平台打造了一套高效且公平的经济循环系统。这种以玩家创作为主导的模式带来了沉浸式体验和社交场景，使平台具备了元宇宙的元素。

经济系统中，交易是基本的经济活动。当交易的规模达到一定程度之后，基于货币的交易将会成为必然。在元宇宙中，如果有货币，它肯定是以数字形式存在的。

2019年6月，Facebook推出了加密货币项目Libra。Libra是一个基于区块链、低波动性的加密货币和智能合约平台。Libra锚定多国法币组成的"一篮子货币"，也被称为"稳定币"。Libra后来更名为Diem，瞄准美元稳定币，并发布了数字货币钱包项目Novi。更名为Meta之后，Facebook借助其布局的加密货币项目，为元宇宙支付业务打下基础。

法定数字货币的研发在时间上与元宇宙的发展是吻合的。元宇宙的支付涉及法币与数字货币，因此存在虚拟货币与现实金融体系矛盾的问题。目前，大多数国家的央行数字货币还处于测试阶段，我国数字人民币在全球处于领先水平，目前已经进行了大规模的试点测试。基于当下我国对比特币等数字货币的监管政策，元宇宙中中心化货币与去中心化货币的矛盾仍然会延续。元宇宙中数字人民币该如何发挥法币职能，是一个新的探索方向。

随着元宇宙的普及，虚拟环境中的金融与支付需求会逐渐铺开,元宇宙平行于现实世界,但又与现实世界互通,在金融领域必将带来许多问题。元宇宙的金融是基于现实世界的,离不开现实世界的金融体系。通过拍卖等方式,元宇宙中物品的价值很容易与现实世界形成锚定。

很多人认为,区块链发展成熟的 DeFi 生态,能够为元宇宙提供一整套高效的金融系统。DeFi 是去中心化金融,是建立在区块链网络之上的金融系统。具体来说,DeFi 创建一种开源透明的金融服务生态系统。这种生态系统对所有人开放,运营无须任何中央机构授权。用户能够全方位掌控资产并可通过点对点(P2P)、去中心化应用程序(Dapp)与该生态系统交互,获得低成本、低门槛、高效率的金融服务,比如虚拟资产的抵押借贷、证券化、保险等。用户的虚拟资产如同现实资产一般,可以享受到金融服务,这进一步强化了虚拟物品的资产属性。基于稳定的虚拟产权和丰富的金融生态,元宇宙的金融系统将具备如现实世界中的调节功能,用户的劳动创造的虚拟价值将会由市场决定。

MetaFi,即元宇宙的去中心化金融工具,是使非同质化和同质化通证(及其衍生品)实现复杂的金融互动的协议、产品和/或服务。例如,通过 MetaFi,个人可以使用 NFT 的碎片部分作为 DeFi 借贷平台的抵押品。这些不同的加密货币基元的组合,使得一个成熟的平行经济成为可能,为加密货币生态系统带来数亿乃至数十亿用户。

NFT 的全称是"Non-Fungible Token",意思是"非同质化

通证"。NFT 是由区块链技术驱动的，不是货币，而是一个合约、一个所有权证明。NFT 是元宇宙将人类生活由实向虚转变的核心因素。反过来，元宇宙也成全了 NFT。元宇宙基本延续了互联网一贯的流量思路，方向基本没变，只是科技的影响更大。万物皆可 NFT，NFT 的本质是数字产权，因此它也是打开元宇宙世界的钥匙。从技术上来讲，NFT 的不可替代性和唯一性，使其能够锚定特定价值，成为连接现实和虚拟世界中稀缺资产和服务的桥梁。

有研究认为，NFT 的核心价值体现在三个方面。一是数字内容资产化。NFT 的出现拓宽了数字资产的边界，数字资产不再只是指数字货币，各式各样的数字内容（如图片、音视频、游戏道具等）都可以被铸成 NFT，这提高了数字内容的可交易性。二是保障购买者的所有权。资产永久存在，不会因中心化平台停止运营而消失，这提高了资产交易效率和价格公正性。三是保障创作者的知识产权收益。通过 NFT 内嵌的智能合约，创作者能从后续的流转中获得持续的版税收益。

NFT 的本质是在元宇宙内创造差异化和稀缺。在元宇宙当中，借助 NFT 技术，每一个物品都可以被打上独有的标签，或者被赋予特殊的含义，从而成为独一无二的东西。这样稀缺就被制造出来。物以稀为贵，有稀缺就有价值，就可以交易。如此，有了交易活动，元宇宙的经济体系就建立起来。例如，数字水印、数字权利管理（Digital Rights Management，DRM）、非同质化通证（NFT）等都是用于制造稀缺的技术。

所有的元宇宙平台有一个共同的特性，那就是涉及虚拟地产或者虚拟物品交易的时候，都有一个合约，这个合约就是NFT。比如，GameFi边玩边赚（play to earn）的模式，让玩家不仅可以体验游戏本身的乐趣，还可以在游戏中赚取收益。GameFi通过DeFi与NFT融合，并以游戏的方式呈现，成为元宇宙金融体系的一部分。阿里巴巴和腾讯推出的NFT产品缺乏可交易性且并非去中心化，对于这些大平台，现阶段NFT产品的布局更多是为了占领市场。

元宇宙的世界是由很多个元宇宙组成的，不同元宇宙之间存在交换和资产流动。正如前面讲的，NFT是一个合约，合约是一种制度。其实，金融就是一种制度。在元宇宙中，很多金融问题本质上都是制度问题。虚拟资产的跨平台转移涉及多方数据互信、跨平台资产清结算、风险防范等问题。区块链可以解决这些问题，但实际上还是制度起作用。比如，货币会采用一种什么样的形式？如何保证价值稳定？能否达到节约交易成本的目的？在每一个元宇宙内部都开发独立的通证？元宇宙内部的通证和外部的资产如何直接挂钩？"跨元宇宙"的价值如何交换？一个人在A元宇宙当中拥有的财富，应该通过什么比例折算到B元宇宙？元宇宙的金融问题远远不止这些，这些问题很复杂，需要人们在"干中学"，在发展中规范，在规范中发展。

从深层次思考，笔者认为以下几点是不能逾越的：第一，在元宇宙中，由谁制定这些制度？谁来维持经济秩序？比如打假。如何有效抑制造假动机？如何保证在元宇宙内部货币价值的稳定性？如何防止套利？第二，区块链的使用是必须的，但加密货币不是必需的。不同元宇宙之间如何跨界？元宇宙和现实世界的金融如何衔接？解决这些问题对于维持元宇宙的金融秩序很重要，否则，一不小心就可能酿成"跨元宇宙"的金融风险，其影响可能十分巨大。

三、金融的元宇宙世界

当前，完善广告和内容分发等功能，升级游戏、社交、视频、购物等体验，是元宇宙比较明晰的两条产业链。游戏、社交、办公、会展、教育、设计规划、医疗、工业、政府构成了元宇宙实现的梯次变革场景。

金融的元宇宙世界有两条路径：

第一条路径，在元宇宙的世界，现实中的金融进行渗透，寻找新的发展空间。比如，紧随元宇宙的发展路径，支持元宇宙发展。目前，元宇宙是沿着游戏、艺术、工作、生活这个路径发展的，在农业和工业领域也有所探索，比如阿里巴巴在农业领域，英伟达在工业领域的布局。

第二条路径，元宇宙的知识理念（元宇宙思维）和技术创新对金融发展产生影响。国外银行对元宇宙的探索更加前沿。2017年，法国巴黎银行（BNP Paribas）推出了一款基于VR的零售银行应用程序，允许用户虚拟访问其账户活动和交易记录。2021年6月，韩国国民银行在元宇宙平台 Gather 创建了"虚拟城镇"，里面有金融商务中心、远程办公中心和游戏场。2021年10月，美国银行在旗下 4 300 个金融服务中心全面运用 VR 技术，集团内的 5 万名员工使用 VR 耳机来施展职业技能，包括深化与客户的沟通、与客户协商解决问题、为客户答疑解惑等。该行 VR 系统中还嵌入了实时分析功能，管理人员可根据实时分析为员工提供有针对性的指导，从而进一步提升员工的职业技能。

我国银行业也在积极探索，有三家机构已经抛出了方案。招联消费金融：普惠服务自动化、消费体验全真化、智能管家定制化。百信银行：AI 数字人、沉浸式体验、基于区块链的数字资产。江苏银行：客户感知、客户连接、服务呈现。百信银行是第一个表态要"迎接元宇宙"的国内银行机构。2021年11月18日，该行发行了行业首个 NFT 数字藏品——"4 in love"，并同步推出了"AI 虚拟品牌官"的二次元形象。

金融的元宇宙世界有两个问题值得探讨：目前以银行为代表的金融机构做的是不是元宇宙？金融机构做的元宇宙是一个营销噱头还是代表金融业的未来？

关于这两个问题，有两种观点：一种观点认为，元宇宙概念尚不成熟，金融机构此时加入只是一个营销噱头；另一种观点将元宇宙与金融机构数字化转型相联系，认为"元宇宙涉及的 VR、AR 软硬件应用有利于银行向客户提供沉浸式的服务体验，提高其营销和获客效率"。

从理论上说，金融的元宇宙世界包括沉浸式的金融客户陪伴、金融产品实时创造等。实践中，我国银行业对元宇宙的探索主要集中在三个方面：一是服务元宇宙概念相关产业及企业；二是基于AR/VR技术进行贵金属销售；三是建设VR营业厅。

以贵金属销售为例，中国银行深圳分行运用3D虚拟展示、感知交互等技术，通过移动终端与现实场景相结合，将实时形成的虚拟贵金属360度呈现于客户眼前。同时，支持多维度查看产品细节、虚拟试戴试摆放、在线支付购买、分享朋友圈等全流程操作。

金融机构构建真正的元宇宙还有很长的路要走。未来VR、AR等技术可以进一步扩大线上服务的范围，给客户更好的体验，增加客户黏性。如果虚拟世界中的资产能够为大众所接受，资产归属也需要金融技术的支持。

元宇宙的技术对金融数字化转型和创新发展有很大的作用。近年来，数字孪生、人工智能、物联网、大数据等创新科技受到市场的持续关注与追捧，创新型技术服务企业被市场整体看好。

比如，数字孪生技术逐步应用于金融数字化转型。新纽科技率先运用数字孪生、知识图谱、NLP、RPA等多种创新技术，实现金融资产数字化呈现，打造符合金融行业资产特点的"金融资产数字源世界"。

未来，元宇宙会对传统银行业产生以下影响：一是给银行风控体系带来挑战，包括身份识别和数据安全等；二是对交互模式和运营的影响，线上通过虚拟客服实现沉浸式交互服务，线下使用 AR 等新技术实现智能甚至无人网点运营；三是对新场景嵌入的挑战，涉及银行的服务渠道、服务产品、服务模式等方面。

未来银行客户可能沉浸于元宇宙线上应用，银行可以顺应产业数字化和元宇宙的方向去做场景延伸，以连接更广泛的客群。就当下来看，金融科技和元宇宙更像是两个平行而相邻的赛道，随着两者的基础建设日渐完善，两个赛道的拓宽终将使其接壤。

四、元宇宙金融的未来

根据 Gartner 技术成熟度曲线，元宇宙正处于泡沫期，其所需的大多数技术比如脑机接口、边缘计算等介于萌芽期和泡沫期之间，VR/AR 进展较快，处于复苏期。

元宇宙的主要挑战集中在三个维度：一是基本技术的创新还有很长的路要走，实体世界与数字化虚拟世界结合的技术还有很多需要突破。二是商业模式、业务模式仍然不明晰，需要漫长的探索。三是要确保元宇宙技术赋能经济社会发展并给人们带来美好体验，基本规则需要定制。

未来，元宇宙也许会实现数字世界与物理世界在经济层面的互通，从而形成一个高度数字化、智能化的完整闭环的经济体系，实现数字经济与实体经济的融合。从这个角度说，元宇宙将实现更高层次的数字经济，也就是元宇宙经济。

只有服务国家战略、服务实体经济、服务人民美好生活，产业界真正利用元宇宙技术打造新的应用场景、新的生产方式和服务模式，提升全要素生产率，促进数字技术、数字经济与实体经济融合，基于此建立起来的元宇宙经济系统才有价值。

金融是制度，元宇宙金融必须有一整套制度安排。元宇宙是与现实世界平行的世界，是数字世界与现实世界的结合体，它既要超越又要复刻现实世界，需要建立起类似于现实世界的元宇宙社会运行逻辑和规则。必须依靠现实世界的政府、行业协会建立数字身份、支付系统、应用兼容性、内容互操作性、用户隐私控制、广告监管等跨行业标准。

经历了喧哗，我们应该对元宇宙经济和元宇宙金融有更加理性的认识。总的来说，元宇宙是互联网的3.0时代，在新技术的加持下将催化新产业、新模式、新金融。既要支持金融机构投资元宇宙技术，又要防范金融机构陷入技术陷阱。

微软首席执行官萨提亚说："今天我们展示的只是开端，元宇宙这个新平台、新应用程序，与我们在20世纪90年代初谈论网络和网站时无异。"对于元宇宙会发展到何种程度，我们将持续关注。

数据要素的流通与共享

吕仲涛[1]

数字经济发展速度之快、辐射范围之广、影响程度之深前所未有，它正在成为重组全球要素资源、重塑全球经济结构、改变全球竞争格局的关键力量。在数字经济时代，数据成为继土地、劳动力、资本、技术之外的新兴生产要素，蕴含着巨大的经济和社会价值。数据日益成为国家和社会发展的重要基础，对推动我国经济社会的高质量发展、提升国家治理能力现代化水平具有重要意义。数据生态的蓬勃发展离不开数据要素的流动、共享，静态的、孤立的数据没有价值，数据只有在使用、共享中流转，才能实现数据要素的价值释放。因此，"如何推动数据要素流通共享，构建良好数据生态"成为金融行业面临的共同问题。

一、数据要素流通与共享的国家及行业背景

党的十八大以来，以习近平同志为核心的党中央统筹中华

---

[1] 吕仲涛，中国工商银行首席技术官。

民族伟大复兴战略全局和世界百年未有之大变局，准确把握中国经济发展的阶段性特征，深刻洞察数字经济发展趋势和规律，出台一系列重大政策、作出一系列战略部署，推动我国数字经济发展取得显著成就。国家和金融行业层面加快推进数据要素流通和共享工作，数据要素流通共享的外部环境日趋完善。

（一）国家加快推进数据要素市场建设

构建以数据为关键要素的数字经济成为国家战略。党的十九届四中全会首次提出将数据作为生产要素参与分配。2020年3月，《中共中央 国务院关于构建更加完善的要素市场化配置体制机制的意见》印发实施。作为中央层面第一份关于要素市场化配置的文件，该文件将数据与土地、劳动力、资本、技术等并列，提出要加快培育数据要素市场，推进政府数据开放共享，提升社会数据资源价值，加强数据资源整合和安全保护。

数据要素市场建设按下快进键。2022年6月召开的中央全面深化改革委员会第二十六次会议审议通过了《关于构建数据基础制度更好发挥数据要素作用的意见》，对数据要素确权、流通、交易、安全等方面作出重要战略部署与引导方针。在数据要素流通方面，明确建立合规高效、场内外结合的数据要素流通和交易制度。一方面，我国数据要素交易市场或将迎来加速发展时期，将建立多层次数据交易市场。另一方面，数据流通将来可能成为制度性的突破点，从之前的数据产权的权属规则转向数据交易的流通规则。同时，各地相继发布了政务数据资源共享开放条例、管理办法等政策，政务数据公开持续推进，多地成立数据交易所或数据交易中心。

数据流通是数据要素市场建设的关键，我国数据要素市场化配置改革进入新阶段。2021年12月国务院办公厅印发《要素市场化配置综合改革试点总体方案》，探索建立数据要素流通规则成为要素市场改革的重点任务，是我国数据要素市场化配置向纵深发展的重要基础性工作。方案中针对"探索建立数据要素流通规则"从数据流通规则、流通场景、安全保护等多个方面提出了明确的要求。（1）完善公共数据开放共享机制。建立健全高效的公共数据共享协调机制，支持打造公共数据基础支撑平台，推进公共数据归集整合、有序流通和共享。探索完善公共数据共享、开放、运营服务、安全保障的管理体制。优先推进企业登记监管、卫生健康、交通运输、气象等高价值数据集向社会开放。探索开展政府数据授权运营。（2）建立健全数据流通交易规则。探索"原始数据不出域、数据可用不可见"的交易范式，在保护个人隐私和确保数据安全的前提下，分级分类、分步有序推动部分领域数据流通应用。探索建立数据用途和用量控制制度，实现数据使用"可控可计量"。规范培育数据交易市场主体，发展数据资产评估、登记结算、交易撮合、争议仲裁等市场运营体系，稳妥探索开展数据资产化服务。（3）拓展规范化数据开发利用场景。发挥领军企业和行业组织作用,推动人工智能、区块链、车联网、物联网等领域数据采集标准化。深入推进人工智能社会实验,开展区块链创新应用试点。在金融、卫生健康、电力、物流等重点领域,探索以数据为核心的产品和服务创新,支持打造统一的技术标准和开放的创新生态,促进商业数据流通、跨区域数据互联、政企数据融合应用。(4)加强数据安全保护。强化网络安全等级保护要求,推动完善数据分级分类安全保护制度,运用技术手段构建数据安全风险防控体系。探索完善个人信息授权使用制度。探索建立数据安全使用承诺制度,探索制定大数据分析和交易禁止清单,强化事中事后监管。探索数据跨境流动管控方式,完善重要数据出境安全管理制度。

(二)金融行业高度重视数据要素流通共享工作

金融数据要素有序共享成为新时期金融科技发展规划的重点任务。中国人民银行发布了《金融科技发展规划(2022—2025年)》(以下简称《规划》),将充分释放数据要素潜能作为重点任务,明确提出从技术和管理两个方面推动数据有序共享。在技术方面,积极应用多方安全计算、联邦学习、差分隐私、联盟链等技术,探索建立跨主体数据安全共享隐私计算平台,在保障原始数据不出域前提下规范开展数据共享应用,确保数据交互安全、使用合规、范围可控,实现数据可用不可见、数据不动价值动。

在管理方面，探索建立多元化数据共享和权属判定机制，明确数据的权属关系、使用条件、共享范围等，通过模型计算、模糊查询、智能核验等方式实现跨机构、跨地域、跨行业数据资源有序共享，在确保最小必要、专事专用前提下增强金融数据规模效应和正外部性，提升数据要素资源配置效率。

金融行业数据要素流通共享相关标准体系不断健全和完善。近年来金融行业围绕多方安全等数据要素流通技术、数据流通过程中的数据安全保护、个人信息安全保护相继发布了配套的标准和规范，比如人民银行印发了《多方安全计算金融应用技术规范》《个人金融信息保护技术规范》《金融数据安全数据生命周期安全规范》等，明确具体的技术要求和内容，指导和规范金融机构安全有序地开展数据要素流通和共享相关工作。

二、金融行业数据要素流通与共享现状

（一）金融行业数据要素流通共享的迫切需求

金融行业亟须通过数据要素流通共享盘活数据资产、释放资产红利。数据要素流通共享是金融机构开展跨行业、跨领域数据要素融合的重要契机。金融机构内部数据体量虽大，但维度有限，想要利用数据进行更加精细化的管理和决策，需要补充更多维的数据。金融机构应以数据要素流通新范式为契机，在依法合规、安全可控的前提下，主动探索与电力、通信、互联网电商等

行业的数据流通和合作。此外，高质量、有价值的政务数据将对数据要素创新应用和价值挖掘产生极大的助推作用。数据要素流通共享是金融机构提升数据资产运营能力、打造面向数字经济时代的数据银行的重要支撑。金融机构应不断拓展数据融合与数据生态的边界，以数据要素利用推动价值创造，以降低数据要素流通信任成本为手段，打破现有的产业数据协作技术壁垒，帮助企业实现数据资产的有序、合规配置，达到供需关系的平衡。通过增加数据资产的可触达性，降低使用壁垒和门槛，确保数据资产的经济价值被有效释放。

金融行业亟须通过数据要素流通共享更好地服务实体经济、提升服务质效。数据要素流通新范式是商业银行服务实体经济方式变革的重要抓手。立足国家"十四五"规划纲要的"数字中国"远景目标，数据要素流通新范式将助力加快商业银行服务实体经济方式的变革，营造良好的数字生态。商业银行简单将线下业务迁移到线上所带来的红利正逐渐消失，竞争悄然从互联网时代的"流量之争"转变为"数据之争"。数据要素流通共享将助力金融机构把创新从前端销售、产品创新延伸到风险防控、内部运营、商业模式等全渠道、全客户、全场景的业务领域，通过差异化激发数据要素价值，从而全面提高服务覆盖率、创新服务模式、降低服务成本。数据要素流通共享是金融机构数字化转型升级的重要手段，将进一步推动客户服务、风险管控等业务领域向数字化、智能化转型升级。比如，在客户服务领域，数据要素流通共享有助于发掘客户实时需求，合理制定客户服务策略，及时响应客户个性化需求，达到"想客户之所想，荐客户之所需"的智能服务效果，实现客户极致体验。在风险管控领域，数据要素流通共享可以有效降低信息的不对称与不透明性，创新推出高效、便捷、智能的"自动化、直通式"融资服务模式，从而提高融资效率，降低融资成本，更优质地服务实体经济。

（二）金融行业数据要素流通共享实践

目前金融行业主要从数据要素流通共享基础设施布局和场景建设两个方面推进相关工作。

（1）推进数据要素流通基础设施布局和建设。金融机构积极引入多方安全计算、隐私计算、联邦学习等新技术，探索建立数据要素流通共享的平台，打造通用性强、可扩展性强、高可用等平台支撑能力，满足企业级、行业级、跨行业级三个层次的流通需求。

（2）推进数据要素流通共享的模式和场景。金融机构积极探索自身数据要素与工商、司法、税务、公安等外部生态合作方数据要素的融合，在反欺诈、风险防控、精准营销、普惠金融等业务场景和业务领域中进行尝试和探索，形成了一批可借鉴的模式和实践案例。

（三）数据要素流通共享的难点痛点

考虑到数据对企业的重要价值，并受限于行业相关要求，企业内部及企业之间往往存在"数据孤岛""信任鸿沟""数据安全"等难点痛点问题,高价值的数据分布在独立的区域中,数据的流通共享受到阻碍。如何在保证安全的前提下,充分实现数据要素的安全流动,解决数据使用、共享中存在的风险,是金融业面临的挑战之一。

(1)数据孤岛问题。当前较多金融机构或集团仍未实现数据集中,致使客户数据散落于不同系统、业务部门或法人机构,生态内外数据孤岛问题亟待破解。由于生态内外数据无法有效流通和共享,导致金融机构无法准确、全面、实时分析客户需求、行为偏好、潜在风险等情况,阻碍了金融产品的精准匹配、高效供给和创新,阻碍了客户服务的差异化、个性化、场景化,阻碍了金融风险的精准评价、动态监测和联防联控。

(2)信任鸿沟问题。信任是市场经济运行的基石,也是一个稀缺品。经济发展中的很多问题难以解决,很大程度上是因为缺少信任,交易成本高,违约风险大。中小企业融资难、融资贵的主要原因就是信任问题。当前银企信息不对称问题仍然比较突出,金融机构无法全面获取企业的税务、海关、市场监管、司法、水电气费以及社保、住房公积金缴纳等领域的信息,无法根据企业各方面的信息开展风险评估、授信额度管理、贷款发放、风险监测等各项业务。如何通过数据要素流通共享为企业"增信",从而有效破解信息不对称问题,为企业提供更为便利和高效的金融服务,成为金融行业亟待破解的难题。

（3）数据安全问题。数据要素在流通共享过程中由于天然具有可复制性等特点，容易产生数据泄露、数据滥用等数据安全问题，损害企业和个人的利益，严重时甚至危及国家安全。所以亟须在数据流通共享的端到端全流程中，保证数据的完整性、保密性、可用性。

三、工商银行在推动数据要素流通与共享方面的探索

工商银行始终坚持发展和安全并重，积极落实国家法律法规及监管部门要求，推动数据要素的流通与共享，主要从深化行内外数据融合应用创新、积极参与数据要素市场建设、夯实数据要素流通的技术支撑、参与数据要素流通标准规范合作共建、推进数据要素流通生态场景建设等五个方面推动数据要素流通，助力构建良好数据生态。

（一）深化行内外数据融合应用创新

工商银行不断深化行内数据与教育、交通、旅游等行业数据的融合应用，推进智慧政务和便民金融服务建设；积极和政府相关部门、交易中心对接，引入政务公开数据，推出"政采贷"等创新融资产品。目前已与全国 26 个省市开展政务数据合作，落地 300 多个政务合作场景，不断释放数据资产潜能，做实、做活、做强数据资产，打造与数字中国、数字经济相呼应的数字化能力。工商银行与北京市经济和信息化局、大数据公司合作，基

于社保缴纳信息、纳税信息等政务数据，研发推出了"普惠大数据信用贷款"产品，实现政府便民利民服务。工商银行作为唯一的商业银行与上海市政府11个部门签约，推出面向政府采购企业的一站式全流程信贷"政采贷"，解决小微供应商参与政府采购活动过程中融资难、融资贵等问题。该产品具备纯信用、无抵押、7×24小时自助提款、利率优惠、随借随还等特点，可助力普惠金融的发展。

（二）积极参与数据要素市场建设

工商银行发挥自身海量数据资源优势，积极参与上海数据交易所、北京国际大数据交易所、深圳数据交易所等数据要素市场建设，促进数据的可计量、可交易、市场化流通和配置，推动数据资源向数据资产转化。2021年11月25日上海数据交易所成立，工商银行成为上海数据交易所的首批签约"数商"，推动达成上数所首单交易，成功办理上数所首单基于数据资产凭证的融资，并积极推进结算支付系统对接工作。

（三）夯实数据要素流通的技术支撑

数据要素流通中主要涉及数据交换、数据集成、数据存储、数据安全、数据资产管理等方面技术支撑。隐私计算能够在保护数据不对外泄露的前提下，实现数据分析计算，避免数据被盗用、滥用等，帮助多个机构在满足用户隐私保护、数据安全和监管法规的要求下，实现数据流通和使用。工商银行坚持以发展促进安全、以安全保障发展的基本原则，针对数据流通共享中的数据孤岛、信任鸿沟等问题，引入同态加密、多方安全计算、联邦学习等隐私计算新技术，建设隐私计算平台。通过同步应用到金融业务场景中，实现数据可用不可见、开放不共享，保障了数据提供方的数据所有权，实现了数据要素的安全流动。

（四）参与数据要素流通标准规范合作共建

在数据交易所标准规范建设方面，工商银行与深圳、上海等数据交易所深入合作，聚焦数据确权、数据定价、数据质量评估、数据分级分类、数据资源管理等数据要素流通的关键环节和内容，开展前瞻政策研究和探索。工商银行借助在数据管理领域的丰富积累和领先优势，编写和制定多项国家、行业标准和方案，为数据要素合规有序交易提供支撑。在金融行业数据要素流通和共享标准规范建设方面，工商银行依托自身在数据管理能力领域丰富的实践经验，与人民银行、中国信通院、北京金融科技产业联盟等机构共同编写并发布包括《隐私计算推动金融业数据生态建设》等在内的标准、白皮书、研究报告，覆盖数据要素流通、数据安全等多个领域。

（五）推进数据要素流通生态场景建设

一方面，工商银行积极应用隐私计算等数据要素流通技术，在客户营销和服务、风险管控、普惠金融和产品创新等领域，积极拓展集团内外数据生态场景试点和建设工作。在客户营销和服务领域，破解生态内外数据孤岛问题，实现集团生态协同。数据智能中心将借助数据要素流通新范式打通同一客户在集团内存款、按揭、基金理财、保险等多领域的数据，有效破解客户信息不对称问题，基于联邦学习等技术和平台安全有序融合集团内多方数据源，打造集团级客户全景画像体系，助力构建集团一体化客户营销和服务体系，实现母子公司、子子公司之间横向的业务联动和互相引流，提升集团整体客户营销和服务能力。在风险管控领域，提升贷前、贷中、贷后的全流程风险防控能力和效率。在客户准入等贷前阶段，在数据不出行、保障信息安全的情况下，利用中国银联等外部机构的支付交易特征信息，以及行内已有的征信、流水等信息，优化客户违约预测模型。在贷中阶段，加强客户贷中风险监控能力。引入北京金控等外部机构的不动产数据，融合不动产等特征，通过数据不出库的方式建立风险监控联合模型。在贷后阶段，提升工商银行贷后风险评估与防控效率。基于行内数据与外部企业水电使用数据，更全面、准确、及时、高效了解企业真实的生产运行情况。在普惠金融和产品创新领域，提升服务实体经济质效。推进绿色供应链融资、企业碳画像评价等业务场景建设，利用数据流通管理系统融合行内数据、行业数据和政务数据，为中小企业精准画像、有效增信，创新金融优惠服务产品和方案，打通资金流向中小企业的堵点、断点。

另一方面，工商银行积极对外输出数据流通能力。例如，工商银行联合珠海市政务服务数据管理局、珠海交警部门，依托多方安全计算平台，建设了安全便捷的珠海驾校资金托管系统。该系统实现了政务数据、金融数据与企业数据安全融合计算，首创性地探索了教育培训费用第三方监管模式，保障市民学车资金安全，有效支撑对驾校资金的监管。

四、推动数据要素流通与共享的建议

（1）促进公共数据安全合规使用，加快建立规范化的数据交易市场。以负面清单制度作为数据交易的原则之一，对于涉及国家安全、经济安全、社会稳定、公共健康的数据要禁止交易，或由特定主体交易，更好地促进公共数据安全合规使用。

（2）完善行业数据标准，夯实数据开放共享的基础。加强数据标准化的顶层设计，逐步统一数字化基础设施、底层技术、平台工具、行业应用，建立并不断完善行业的数据标准体系，形成数据生产要素市场的"车同轨、书同文"，促进数据价值的最大限度释放。

（3）积极推进新技术的研究和使用，加强数据使用过程中的安全保护。大力推进多方安全计算、联邦学习、同态加密等隐私计算技术的发展与应用，保障数据提供者的所有权，促进数据跨机构流通，解决数据孤岛、数据垄断等问题。

（4）拓展数据要素流通共享场景，全面释放数据要素价值。

各金融机构在数据交易方面有较大投入,随着各金融机构数字化转型以及大数据技术应用,金融机构内部数据已经无法满足业务多样化应用场景,外部数据对银行等机构的重要性日益凸显,从客户画像到行为预测,从精准营销到风险防控,金融机构可以通过数据要素市场发展契机,借助数据要素流通新模式全面拓展和引入外部数据,扩展内外部数据要素融合应用场景,打破信息壁垒,发挥数据赋能,以数据要素驱动金融行业数字化转型。

(5)探索数据要素市场金融板块建设,构筑金融行业数据要素流通新生态。金融行业天然具有数字基因,是数据密集型行业,沉淀了大量的数据资产和服务,包含交易信息、客户信息等原始数据、聚合数据、指标数据、特征数据等,并拥有丰富的数据应用场景,经过标准化改造后可以输出多类数据产品、服务和解决方案等。金融行业可以积极探索和挖掘可对外输出的数据产品,以数据交易所金融板块作为样板,带动其他板块的建设和发展,为数字经济的发展贡献力量。

面对数字经济时代新的风险和挑战,商业银行应协同推进数据开放和共享,打造数据规范应用的良好金融生态,为经济社会高质量发展注入强劲动能。工商银行将充分挖掘数据价值,不断推动数据智能化应用,持续推进数据要素流通生态场景建设,加快打造"数字工行",为金融行业数据要素的有序流通和价值释放贡献"工行智慧"。

金融元宇宙

陈龙强[①]

2021年被业界称为"元宇宙元年",包括脸书、微软、英伟达、腾讯、百度在内的全球各大科技巨头纷纷布局元宇宙,元宇宙概念股受到资本市场的追捧。历史上每一次科技革命都将带来新一轮产业变革,金融业该如何适应新趋势、抓住新机遇?本文从互联网的发展规律出发,结合百信银行的创新实践,探索金融元宇宙的逻辑框架,并提出数字金融的新范式和相关建议。

一、为什么会出现元宇宙

科技进步是时代发展的客观规律,数字生活已然成为这个时代最生动的写照,也是不可逆的必然趋势。回望近30年的发展,互联网已经深刻改变人类的生产、生活和社会文明。但不容忽视的是,互联网流量格局已趋于稳定,移动互联网红利逐渐消退,

---

① 陈龙强,百信银行首席战略官,《虚拟数字人3.0》作者,中国社会科学院国家金融与发展实验室金融科技研究中心特聘研究员。

互联网的发展逐渐遭遇瓶颈，各个平台"内卷化"严重。在这样的背景下，元宇宙概念的出现可以视为人们对新一轮增长突破口的期待，代表了下一代互联网的生产力和流量环境。

我们无法预测元宇宙未来将如何改变我们的真实生活，正如19世纪的人们无法预测电力将如何改变世界，20世纪90年代的人们无法预测移动互联网时代具体的模样，但在技术迭代上具有相对确定的可预测性。

从互联网发展历史看，交互媒介、通信网络及计算与存储设施等的底层技术，每一次迭代都会引发一轮互联网革命。例如，从PC互联网到移动互联网，底层逻辑是4G和智能手机的普及以及云计算的发展，继而推动了移动互联网的爆发。

从信息形态来看，互联网从文本、语音逐步进化到图像、音视频等二维形态（见图1）。移动互联网时期，短视频的爆发就是一个佐证。面向未来，随着5G通信网络、VR/AR等智能终端的普及，我们将被三维全景式的信息内容所包围，内容更加丰富，生态更加开放，在感官上更加沉浸。

从交互终端来看，移动互联网时期的智能手机和APP是主要的交互媒介，未来将逐步普及到VR/AR等头显设备，以及智能眼镜、手环、智能屏等。目前全球头显设备出货量飞速增长，预计到2025年将增长至1.5亿台，平均价格可能低于智能手机。此外，随着自动驾驶的发展，智能汽车可能成为下一代移动计算平台，所能承载的内容和交互体验充满想象。

金融元宇宙 / 113 /

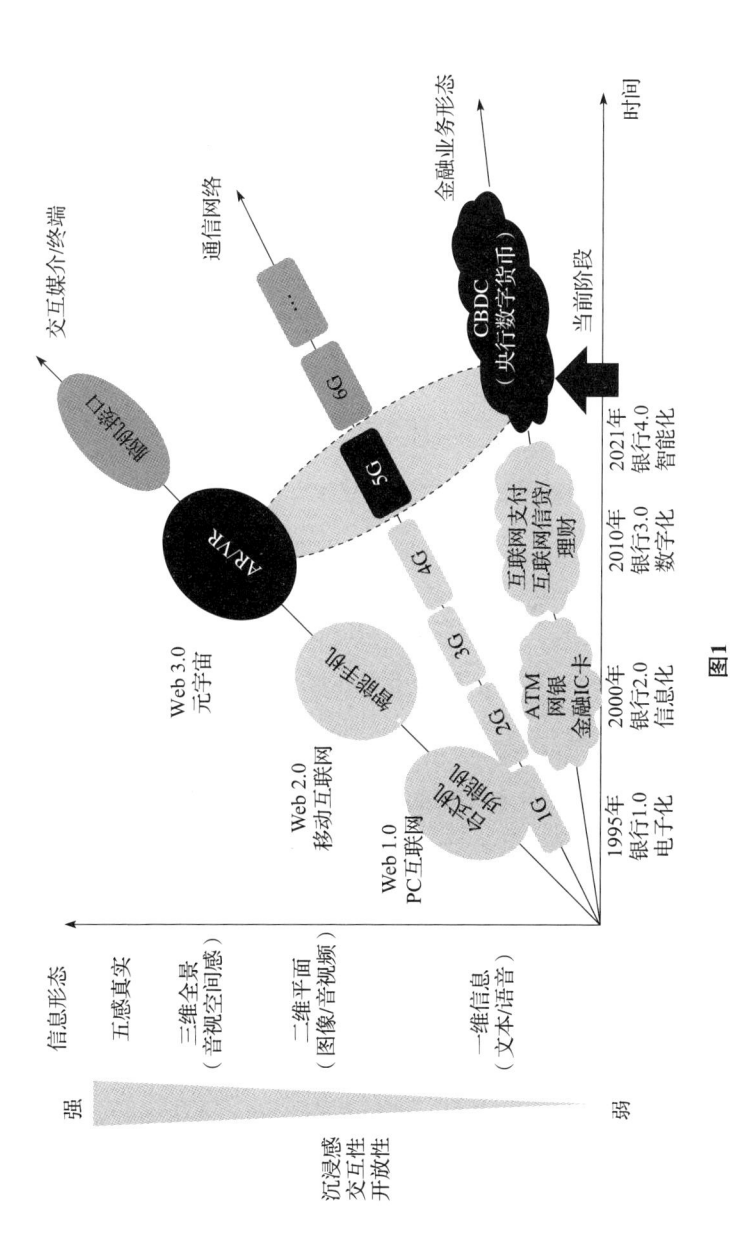

图1

结合全球各大企业的探索和实践，业界形成的基本共识是，元宇宙是下一代互联网，代表更高阶数字化水平、与现实世界平行的虚拟世界。相比移动互联网，元宇宙在内容载体、交互方式、参与感和互动性等方面将发生突破性的变化。目前我们正处在从移动互联网到元宇宙的转换期。金融行业作为数字化程度极高的行业，将随着互联网的发展不断衍生出新的业态。

二、元宇宙的发展趋势

元宇宙并不能一蹴而就。可以预见，未来 10 年将是元宇宙基础设施建设期和商业模式探索期。底层科技方面，科技巨头主要着力在软硬件设备、平台与生态、算力迭代和算法创新等方面寻求突破。创新应用方面，围绕虚拟数字人、虚拟场景和数字资产等的创新成果逐步显现，文娱、金融、社交等数字化程度较高的产业将率先找到商业化路径。

彭博行业报告预测，元宇宙市场规模有望在 2024 年达到 8 000 亿美元；普华永道预测，元宇宙市场规模在 2030 年将达到 1.5 万亿美元；花旗银行预测，2030 年元宇宙市场规模可能增长到 8 万亿至 13 万亿美元，用户数量可能多达 50 亿。在这样的代际转换过程中，势必产生新一轮的发展机遇，不能适应的机构将面临被时代淘汰的风险。

三、数字金融服务新范式

随着互联网、人工智能、区块链和大数据等技术的发展，金融机构数字化转型已进入如火如荼的阶段。元宇宙是金融机构数字化转型的必然途径，催生出了数字货币、数字资产等数字金融新形态，进而形成金融元宇宙的新模式。金融作为特许经营行业，可以从"人""场""物"三个基本要素切入，逐步升级数字金融服务新范式。

首先，"人"是指虚拟数字人。作为元宇宙最核心的交互载体，每个人都将拥有自己的虚拟分身，人机交互可能演变成人"人"交互，而且这种关系更加数字化、交互感更加自然。例如，兼具 AI 算力和财商的虚拟助理可以与客户进行"面对面"更智能、更友好的在线交流互动，基于用户洞察，随时随地向客户提供更精准的理财服务。

百信银行在业内较早推出数字员工 AIYA（见图 2），拥有自己的个性和人设，目的就是增强和用户互动的新鲜感、真实感和信任感。一方面，作为虚拟品牌官，AIYA 是才艺达人，可以为百信银行代言；另一方面，AIYA 财商在线，是理财达人，通过 AI 大脑，可以洞察市场变化并支持用户交互，成为每个人的理财小助手。

其次，"场"是指沉浸式场景。以百信银行为例，作为纯线上互联网银行，由于没有线下网点，在触客方面主要依赖

APP，在提供金融服务的过程中所产生的信任感较传统银行相对较弱。

图 2

因此，百信银行将搭建可营业的虚拟社区，以区别于传统的APP，目标是为用户提供更具沉浸感、更接近线下体验的服务，这与移动互联网的体验有很大区别。总结起来需要具备八大要素：一是虚拟分身，通过数字人技术为用户创建虚拟分身，并与真实身份完全映射，确保可信；二是沉浸感虚拟空间，实现从二维场景进化到三维场景，从金融延伸到生活；三是分布式账户，包括银行账户、Token账户和碳账户等，其中数字人民币将是重要基础设施；四是用户成长体系，围绕用户等级、资产数据和财商指数等元素建立个性化的用户成长体系；五是开放生态，其他金融机构和消费场景可以申请入驻，形成金融生活新生态；六是内容社区，入驻的机构和用户均可自创内容并形成私域；七是可交互，用户与用户或用户与虚拟客服之间形成连接关系，可以有条件地交互，充分感受数字化体验；八是隐私保护，严格保护个人身份和数据安全，并做好反洗钱、消费者权益保护等合规工作。

最后，"物"是指数字资产。存款、理财、股票、国债、票据等传统金融资产已经逐步实现数字化，但金融资产不完全等同于数字资产。随着区块链和智能合约的发展，法定数字货币已登上历史舞台，数字艺术品、游戏道具、虚拟服装、知识版权、虚拟形象等成为 Web 3.0 时代的原生数字资产。越来越多的年轻人开始配置这类非金融机构提供的数字资产。如果说数字经济是元宇宙最典型的经济特征，数字资产则是数字经济的新兴代表。

四、避免三个认知误区

（1）思维认知上，在元宇宙趋势下，构建未来的金融服务需要打破传统的线性思考方式，避免"刻舟求剑"。就像基于移动互联网的金融服务不能参照 PC 互联网的服务一样，由于信息载体、交互体验、操作系统等发生了极大的变化，金融机构需要极具前瞻性思维、用户思维和数字思维才能成功构建符合用户需求的新范式。

（2）价值认知上，在数字化转型的过程中，金融机构不可盲目追求技术先进，而忽视与业务的有机结合。技术创新不是为了

"花拳绣腿"、做表面文章，技术应服务于业务逻辑，或降本增效、提升用户体验，或带来商业模式创新，只有这样才能实现经营管理和商业价值的全面提升。

（3）时机认知上，元宇宙是现在时，不是未来时。所有的创新都不是一蹴而就的。元宇宙也不只是大型金融机构的转型选择，中小金融机构在技术迭代的过程中同样可以"弯道超车"，通过创造新的商业模式或是赋能自身优势业务，继续巩固竞争优势。

五、未来展望

在移动互联网红利逐步褪去、数字化转型方兴未艾的今天，元宇宙无疑给数字金融行业带来了无限的想象力。

（1）坚定推进数字化转型，与迎接元宇宙不谋而合。在全球局势剧变之中，我国经济开启"双循环"新格局，并努力构建以数据为关键要素的数字经济。越来越多的机构意识到，只有积极拥抱数字化，才能应对不确定因素激增的未来，这与迎接元宇宙不谋而合。金融作为现代经济的血脉，数字化转型升级成功与否，不仅关乎企业自身的生存和发展，也关乎未来整个实体经济能否全面实现高质量发展。在这样的历史背景下，金融业蓄势待发，积极推进数字化转型，将为这个时代写下新的注解。

（2）坚定用户导向，服务高于一切。生长于移动互联网时代的年轻人成为领先金融机构非常关注的重要客群。以零售银行为例，未来银行的商业模式和服务形态需要主动应对变化，对年轻人的金融需求、服务偏好、价值观等做出更准确的判断。在元宇宙语境下，一是更强调虚拟模式。元宇宙的最终形态是虚实共生，银行形态和服务模式可能迎来重大变革。二是更强调用户洞察，元宇宙形势下大数据进一步爆发，在与用户交互的过程中，绝不是单方面产品和服务供给，而是强调更精准的洞察。三是更强调"体验经济"。元宇宙的核心特征是数字化、沉浸式体验，金融的本质是服务，服务质量是根本，体验跟不上意味着将失去客户。

（3）拥抱虚拟数字人，下好元宇宙"先手棋"。元宇宙时代，人人通过自己的虚拟分身进入元宇宙成为可能，人与"人"的交互，理论上比人与手机的交互更为自然。当前，虚拟偶像、虚拟主播、数字员工等虚拟数字人纷纷进入大众视野，社交、购物、娱乐、金融等服务方式也皆在重塑中，人们的生活方式、交互体验将发生重大变革。未来，数字员工将成为创新型企业的标配，无论信息载体如何变化，数字员工均可以无处不在，以更友好、更智能、更实时、更温暖的方式与用户建立沟通和联系，成为众多金融机构的"数字劳动力"和个人小助手。

（4）避免金融脱媒，审慎布局底层经济系统。Web 3.0 是当前监管机构和科技界讨论的焦点。自 2010 年比特币正式诞生以来，虚拟货币、数字资产的种类和数量不断增加，给各国央行和商业银行带来了很大的挑战，甚至对中央银行在全球货币政策中的主导地位形成了一定的挑战。目前美国、韩国、新加坡的部分银行已经涉足虚拟货币或数字资产。需要明确的是，元宇宙绝非"法外之地"，虚拟货币绝不等同于元宇宙时期的经济系统。商业银行需要审时度势，既要准确判断用户的真实需求，又要坚守监管要求和合规底线，积极跟进央行在数字人民币上的战略布局，同时持续研究分布式商业体系，避免"金融脱媒"。

（5）坚守安全底线，方能行稳致远。每一次重大科技创新都将带来巨大的生产力提升，为社会带来深刻的变革，同时也将伴随着更加复杂的外溢性甚至系统性风险。任何金融机构在创新的过程中，都应该坚守安全底线，坚持创新与风险防范并重，绝不能以牺牲消费者权益为代价。

因此，顺应数字经济和元宇宙发展的大趋势，金融机构必须坚定推进数字化转型和创新探索，深刻理解元宇宙趋势下的数字金融服务范式转换，以确定的技术创新应对不确定的需求变化，并坚持用商业模式创新赋能业务发展，坚守合规和安全底线，只有这样才能满足用户不断增长、不断变化的需求，从而跟上时代发展的浪潮，实现自身高质量、可持续发展。

开放融合智能的保险生态

刘苍牧[①]

近年来,数字经济的蓬勃发展和保险科技的深度应用,引起保险客户需求、行业边界、服务领域、交易频率等的深刻变化,逐步改造乃至重塑保险业态。客户需求方面,保险客户成长为数字化、多渠道、全天候在线的数字消费者,需求更加多元化、个性化、场景化。行业边界方面,大型互联网企业跨界参与保险行业竞争,为保险产品和服务创新提供了更多可能。保险的业务边界得到有效拓展。服务领域方面,保险服务于数字经济和社会治理现代化,需要更加开放的平台,提供面向数字生态的产品和服务。保险需要更强的互联对接能力。交易频率方面,移动化、场景化的交易方式使保险由低频走向高频,交易频率、交易量呈指数级增长,给传统技术架构带来挑战。保险需要具备弹性灵活的系统支撑能力。面对这些变化,保险

---

① 刘苍牧,中国人民保险集团科技运营部总经理,高级工程师。

企业应积极顺应趋势，提升数字化能力，以更加开放的心态、更加紧密的连接，融入数字经济生态，提升服务质量和效率，更好地发挥保险的价值。

下面围绕开放、融合、智能三个关键词介绍中国人保的一些实践经验。

一、"开放"——构建以 API 技术为基础的开放平台

案例：人保捷通——一站式保险合作业务自助对接平台

数字经济使行业边界变得模糊，保险需求呈现线上化、场景化、定制化特点，要求保险公司开放自身能力，将保险嵌入更多场景和平台。保险公司将核心系统能力以 API 的形式开放，将各种保险产品和服务嵌入电商、社交、商旅等互联网场景和平台。从 IT 的角度来看，就是一个个外部合作对接开发项目。传统的保险合作业务对接开发模式存在诸多问题：一是对接效率低，依赖 IT 排期。合作项目需求通常较多，上线时间紧，而保险公司 IT 资源往往有限，经常存在需求排期积压问题，影响项目上线速度；同时对接依赖 IT 人工开发、联调测试等工作，系统升级发版后才能投产。二是项目全流程管理不透明。合作项目一般通过后端接口对接，无可视化界面，对业务而言是"黑盒"，项目对接进度、项目运行情况也不透明。三是系统支撑和响应能力面临挑战。互联网具有海量高频交易，如"双十一""双十二"

业务高峰，对保险公司系统支撑和响应能力提出巨大挑战。面对以上这些挑战，保险公司需要打造更加高效、便捷、透明的对外合作业务开放平台。

面对日益增多的合作对接项目，中国人保打造了一站式保险合作业务自助对接平台，基于微服务化的业务中台，构建自助对接指引平台、内部管理门户和 API 网关，实现能力开放、接口开放和透明化运营管理。基于平台的外部合作项目对接流程可以简化为：首先，创建对接项目，配置项目信息，之后完成业务要素和技术规则配置，合作方基于接口操作指引进行开发联调测试，测试通过后即可上线运行。平台支持自助配置流程，对于标准化对接项目，可以实现零编码一键发布上线。

平台为对外合作业务提供体系化的功能支撑和全方位透明化运营管理，实现了合作项目对接的标准化、配置化和流程化，大幅提升了对接效率、质量以及数字化管理水平。平台支持合作项目全流程自助可视化配置上线，以业务自助配置取代 IT 开发，实现零编码；以一键式发布取代传统版本升级，实现零发版；对接周期最快 1 天即可上线。平台支持内部全方位透明化运营管理，为业务部门提供自助配置运营管理平台，提供"合作方—合作项目—合作产品"三级配置管理体系，一键式获取各项合作业务对接进度及现状，实现合作业务成本效益分析，辅助业务运营决策。平台为外部合作伙伴提供开放式自助对接指引，取代传统人工咨询沟通工作，提供从对接研发到上线运维一站式解决方案。平台采用分布式技术架构，提升系统响应速度及支撑能力；支持海量高并发互联网业务，系统出单响应时间小于 50 毫秒。

二、"融合"——构建"数字人保"原子化服务生态

案例：基于鸿蒙操作系统的"数字人保"原子化服务

HarmonyOS（鸿蒙）是华为推出的一款面向 5G 物联网、面向全场景的分布式操作系统，打通手机、电脑、平板、电视、车机、智能穿戴等不同设备，将人、设备、场景有机地联系在一起，让消费者在全场景生活中接触的多种智能终端实现极速发现、极速连接、资源共享。应用开发者可基于此系统研发各种全场景应用，实现一键直达智能服务，提供全场景"万物互联"的智慧生活体验。截至 2021 年 12 月，搭载鸿蒙系统的设备数量已经突破 2.2 亿。中国人保积极响应信创号召，支持国产操作系统，融入鸿蒙生态。"中国人保""人保 E 通""人保 V 盟"等 APP 是行业首批完成鸿蒙操作系统适配运行的保险移动应用。

中国人保也是行业首家推出鸿蒙原子化服务的保险公司。2021 年 6 月 2 日，华为正式发布鸿蒙操作系统 2.0 版本及多款搭载鸿蒙操作系统 2.0 的新产品。6 月 25 日，中国人保就推出支

持鸿蒙生态的"数字人保"原子化服务。客户无须下载 APP，通过鸿蒙服务中心搜索即可快速进入服务界面。12 月 23 日，搭载鸿蒙智能座舱的新能源汽车 AITO 问界 M5 正式亮相。在同一天，中国人保就推出车载"数字人保"车机服务，成为鸿蒙智能座舱系统的首发内置应用。12 月 23 日，在华为冬季旗舰新品发布会上，华为常务董事、消费者 BG CEO 余承东向客户和媒介推荐了"数字人保"服务。该成果成功入选中国人保 2021 年度"卓越保险十件大事"。

智能化、网联化成为汽车产业发展的趋势，智能网联汽车已成为新一轮科技革命和产业革命的战略高地。智能座舱不再是孤立的出行工具，逐渐成为继智能手机、智能电视之后新的客户触点和流量入口，乃至连接万物的智能空间。保险作为汽车产业链重要的参与者，可以提前布局并积极融入智能网联汽车生态，拓展获客场景，创新服务模式，随时随地提供更加便捷的金融保险服务，实现产业链多方共赢。

三、"智能"——构建城市万象云平台实现风控数字化

案例：城市万象云——数字化风控服务平台

保险传统风控模式主要定位于风险补偿，以人工经验和内部数据为主，主要集中在定价、核保领域，数据主要依赖人工采集，线上化程度低，服务内容单一。随着物联网、大数据、人工

智能、遥感以及气象预警等数字技术的应用，风控进入线上化、数字化、智能化时代。保险风控模式由人工为主升级到数字技术风控；由单纯的风险补偿升级到风险减量＋风险补偿；数据维度更加丰富，包括内部数据、第三方数据、物联数据以及气象数据；风控领域升级为全链路风控；风控服务升级为专业化、定制化的风险解决方案，更加全面丰富。

我们以提供高质量风控服务为目标，以平台统一、数据共享、风控服务标准化和风控作业线上化为原则，打造"3＋N"城市万象云平台群。所谓"3＋N"为3个平台，N种技术、N种服务、N种场景。3个平台包括物联接入平台，实现物联感知数据的统一接入和存储，打造数据基础；模型支持平台是风控中枢，汇聚各方服务能力和数据，实现产品定价分析和核保辅助支持，打造数字化风控服务能力；风险减量平台支撑面向承保、核保、查勘、灾害预警等不同场景的风险减量模式落地。

城市万象云平台整合多方资源和数据，与政府、企业、应急部门等合作，实现信息共享、风险减量、合作共赢，打造保险服务生态链，深度参与社会治理，支持"承保＋减损＋赋能＋理赔"的保险经营新逻辑落地。减损方面，水浸预警子平台已在浙江省部署监控点上千处，2020年以来成功预警并协助化解水淹风险数千次，间接减损超过1亿元。赋能方面，2021年，平台累计为数千家企业或施工项目提供数万次风控服务，排查整改数万处隐患，有效帮助客户降低事故率。理赔方面，基于平台支撑，2021年"烟花"台风灾后短短2天时间内即快速处理近千笔车险理赔案件，理赔提速近50%。

2021年，中国人民银行印发《金融科技发展规划（2022—2025年）》，该规划提出"构建开放创新的产业生态"这一重点任务，要求加强金融科技共性技术、资源和服务的开放合作、互惠共享，促进新技术产业化、规模化应用。面向未来，保险业应积极拥抱变革，一方面深化科技应用，强化自身数字化能力建设，提升服务质效；另一方面加大开放力度，积极融入数字经济各种业态，共同打造开放创新、合作共赢的产业生态，为人民群众提供更加普惠、高效、智能的数字保险服务。

人工智能与智慧金融

周　鹏[1]

人工智能已进入规模化应用阶段，在满足社会刚需方面发挥了重要作用。在金融领域，人工智能源头技术持续创新，深度赋能行业应用场景，让智慧金融触手可及，为数字经济的发展赋能助力。以科大讯飞等为代表的科技企业将 AI 技术与行业场景深度融合，推动业务、员工、管理三个维度的数字化转型，为客户服务、精准营销、风控合规、反欺诈、核保理赔、管理培训等场景提供智能化应用，为金融机构培育核心竞争力，助推智慧金融的全面建设。

自 1956 年达特茅斯会议首次提出"人工智能"概念以来，人类对人工智能技术的追求与研究已有 60 多年。近年来，随着深度学习技术的不断突破创新，以及移动互联网、大数据、云计算等新技术的融合发展，人工智能技术日益成熟，改变着社会的

---

[1] 周鹏，科大讯飞智能服务事业部副总经理，人工智能行业应用领域专家，中山大学数字治理联合实验室执行主任，讯飞 AI 大学堂高级讲师。

方方面面。未来5~10年，人工智能会像水和电一样进入每个人的生活，金融业也面临前所未有的机遇。

一、智慧金融的建设背景

（一）从政策导向看智慧金融发展蓝图

中国人民银行发布的《金融科技发展规划（2022—2025年）》（以下简称《规划》）指出，推动我国金融科技从"立柱架梁"全面迈入"积厚成势"新阶段。经济为肌体，金融为血脉，《规划》提到，科技赋能金融资源更为精确地配置到经济社会发展关键领域和薄弱环节，金融服务实体经济能力进一步增强。以数字技术基础为底座、AI技术为桥梁来捕捉实体企业融资需求。借助高效智能的数字技术，在重新聚合各类数据要素的基础上，针对原有业务逻辑的问题重构业务路径，以数字创新提升金融服务实体经济的渗透率和效率。

"十三五"以来，人工智能技术迅速发展，与金融业深度融合，催生了智慧金融新业态，显著提高了金融产品和服务的自动化、智能化水平。智能风控、智能客服等依托人工智能的核心技术贯穿智慧金融数字化经营全生命周期。在"十三五"期间，学界和产业界做了底层AI技术的大量储备，"十四五"期间将进一步用科技来赋能金融，提高金融监管科技水平，加快构建广渠道、多层次、全覆盖、可持续的科创金融服务体系，拉开数字金融新基建的大幕。

(二) 从技术支撑看智慧金融发展趋势

"十四五"规划中提出要提升金融科技水平,更加注重技术能力提升金融服务的效率与普惠性,探索金融科技在绿色金融、普惠金融等领域的应用创新,为金融科技发展及监管科技能力建设指明了方向。

在人工智能方向,科大讯飞持续打造人工智能核心技术的领先引擎,通过无监督训练、小数据学习算法的突破,用更少的标记数据实现更好的效果,从而降低人工智能在金融领域推广落地的成本。推动人机协同进化,实现人类知识的可解析和可融合建模,智能应用在与用户的信息交互中得到进步,不断提升机器的理解能力和应用效果。

在万物智能互联的时代,科大讯飞在多模态融合上进行突破,使语音识别、人脸识别、嘴型识别与手势和眼神结合起来,实现前端"能听会说",后端"能理解、会思考",解决金融复杂服务场景问题。未来还将进行人工智能与脑科学交叉研究,开展一系列前沿探索。

AI能力的不断迭代创新,为金融产品、风控、获客、服务等环节的智能化转型打下了坚实的技术底座。同时,智能云、物联网等基础设施平台日益完善,大数据、区块链、人工智能技术深入融合,金融行业的大规模数字化转型已经具备了从底层资源到上层应用的全面支撑。

(三) 从行业需要看智慧金融应用的紧迫性

金融行业目前市场竞争加剧，金融机构业务同质化严重、外延性不足，需要寻找新的业务增长点。目前大部分金融机构还是依赖线下运营模式，人力、租金成本高，成本效能低下；数据分散在各个系统中，数据整合分析能力有待提升，流程自动化程度不高；客户需求渐趋多样化、个性化，对服务体验的要求越来越大；数据监管力度越来越大，对客户信息、业务流程合规管理的要求更加细化……金融机构进行智慧金融的建设是现实所趋。

人工智能的发展已经迈入红利兑现期。以科大讯飞的语音技术为例，不仅可以为金融机构的客服业务提供支撑，还可赋能金融机构的业务端、执行端等多端口服务。借助 AI 技术的赋能，通过大数据、云计算、自然语言处理等技术的应用，传统金融业的各个方面将得到前所未有的变革，譬如客户体验、业务流程、组织结构、监管与风险控制等，从而解决当前的一些行业痛点问题，让资金融通更加顺畅，金融服务更加便捷，客户体验更加个性化，风险管理更加有效。

金融科技越来越被重视，最根本的原因是行业自身的需要。在互联网时代，无论是内部运营还是外部营销，都应该顺应时代的发展趋势，进行重构与变革。

二、AI 技术赋能金融数字化转型

在金融领域，科大讯飞以"用人工智能助力金融机构数字化转型"为使命，将 AI 技术与行业场景深度融合，为客户服务、精准营销、风控合规、反欺诈、保险营销、管理培训等场景提供智能化应用，为机构培育核心竞争力，提升机构数字化运营能力。

（一）业务数字化

在营销获客层面，围绕用户构建全链路的数字化营销闭环成为发展趋势。随着互联网流量红利逐渐消退，公域流量的竞争愈发激烈，企业获客成本不断攀升。"获客难、活客难"成为企业营销面临的主要问题，特别是在新冠疫情的冲击下，"线上贵、线下空"的拓客现状让企业压力倍增。为了在数字化转型中保持核心竞争力，企业急需构建更高效、低价、黏性强的私域流量以提升获客、活客能力。科大讯飞 AI 营销以私域流量运营为抓手，开展线上、线下协同服务，打通了营销—服务—管理的工作流，实现了营销资源统一管理、营销动作统一及高效。

在客户服务层面，为座席人员设置智能机器人助手，实时捕捉对话过程，帮助座席高效轻松工作，拓宽在线客服渠道，让客户拥有更多途径解决问题，使业务办理更加便捷。智能外呼可应用于还款提醒、保费催缴、满意度调查等场景，能大幅降低人工外呼压力。智能外呼与人工座席协同，可有效实现降本增收。基于用户的精准画像，可为客户提供个性化的产品和服务，提升触达的有效性，提高成单量。

在某商业银行，科大讯飞利用先进的 AI 中台支撑能力，结合大数据、风控模型构建用户画像体系，提供理财产品推荐、消费信贷营销、信用卡分期等多个业务领域的"千人千面"服务。根据客户历史行为和模型提前预判，通过与银行业务系统的深度结合，精准推荐产品和服务，实现了基于不同客群的个性化服务与精准营销。

（二）员工数字化

目前，金融智能化建设过程中存在 AI 底层能力和业务场景匹配度不足、技术能力业务转化周期长、服务效果较差等问题。对此，科大讯飞推出的数字员工管理平台可实现对数字化生产力的统一管理、过程优化和效果监督。

构建数字员工管理平台可实现风控、客服、营销等各类数字员工统一管理，员工创设过程闭环管控，服务过程全程监管以及服务数据精益运营。一方面，流程自动化、行业标准规范化、法规规则化，为信贷风控业务人员减负，降低对员工经验的依赖。譬如，通过每个数字员工之间的客户反馈数据对比，沉淀最优话术和数字员工特征信息，真正实现分析有数据、决策有抓手。数字员工的服务过程可全流程管控，及时发现业务服务过程中的突发问题，进行实时预警和人工介入。另一方面，通过话务全量分析和声纹识别，可检测中介和违规业务，规范生产服务，最大限度规避金融行业政策监管风险。

在数字员工的内生能力上,通过将金融超脑核心能力平台和AI业务场景建立连接,对不同金融业务场景的数字员工进行创设和管理,实现技术业务化的转变,提升AI技术的业务场景匹配程度。譬如,业务主管可从数字员工资源池中选择业务技能跟场景匹配的数字员工,实现最优匹配;对每个数字员工进行上岗前全流程闭环管理,通过考核评测以及灰度上线等环节,保障数字员工工作效果,减少故障对业务的影响。

在数字员工的外延体验上,通过视频数据采集或3D建模等方式,融合先进的ASR、TTS、NLP等多种技术,可以根据不同的应用场景开发定制AI虚拟形象,充分模拟人与人之间真实的对话交互方式,用趋近真人体验的可视化服务,协助人工座席提升服务质量,弥补传统文本和语音机器人缺乏温度的缺陷,为客户提供有质量又温情的服务体验。

(三) 管理数字化

金融机构内部管理场景涉及办公、报销、招聘、培训等多方面,科大讯飞围绕这些场景打造了高效可用的智能化应用。通过人工智能技术,高效提升办公审核,优化招聘、培训流程,效率相比人工大幅提升,人力成本有所降低。

在办公方面,AI技术的应用帮助银行提供全流程、智能化的办公体验。科大讯飞基于各项算法能力和AI模型,可为银行打造办公 AI 核心能力平台，为各办公场景应用提供语音转写、声纹识别、方言识别、机器翻译、OCR 识别等多项 AI 能力支撑。

在财务方面，AI、OCR 等核心技术的应用正在变革传统的财务处理模式，大大提高工作效率，让提报更便捷、审核更省时。以科大讯飞为例，目前人工智能技术已覆盖报销、财务共享、财务审核等多种业务，月均智能化处理 2.8 万笔报销单，员工报销时间节省 66%，相当于成本节约 800 万元/年；财务审核提效 52%，释放 30% 的财务共享中心人员。

在招聘方面，AI 也有系统的应用模型。讯飞智聘可匹配全行业多职位需求，通过 AI 技术，为企业提供简历解析、多渠道人才管理、人才快搜等一站式云服务，使招聘流程全链路提效 10 倍，招聘成本降低 50%。

在培训方面，通过线上线下互动，精准掌握员工学习情况，有针对地引导教学，帮助员工实现技能提升。可根据银行发展需要，推送相关课程学习，分析员工关心的问题，智能推送专题学习。智能陪练平台以人机对练方式进行 AI 实战演练，可以快速提升一线人员的对客话术。

三、智慧金融的建设路径

（一）技术：系统性建设

科大讯飞在调研中发现，60% 以上的金融机构经过了 AI 能力建设的阶段，也就是拥有了能听、会说、能看、会认的基础能力。下一步，金融机构面临的是更深层次的问题，即如何通过系统性的建设，进一步沉淀 AI 核心能力资产，并进行 AI 能力的统一纳管，最终提升金融机构的运营效率和创新能力。

AI 中台是实现 AI 技术在各行业快速研发、共享复用和部署管理的智能化底座和关键基础设施，在金融行业，AI 中台解决方案提供从数据采集、数据标注到 AI 模型训练，直至 AI 能力服务输出的整套智能化升级技术产品和方法论，助力金融机构实现业务快速创新，加速智能化升级。科大讯飞充分考虑金融机构智能化建设现状，中台的建立并不意味着推倒重来，而是对上一阶段建设的总结归纳。

科大讯飞 AI 中台是基于行业领先的人工智能技术及应用实践，面向客户提供开箱即用的 AI 原子能力、多厂商能力统一纳管、全能力开发优化闭环、业务场景落地赋能的一站式企业级解决方案。AI 中台建设，避免了以往烟囱式建设的弊病，可实现对不同业务模块的快速赋能，有效提升机构的运营效率和创新能力。

（二）场景：系统性创新

金融数字化转型不仅需要 AI 技术，更需要结合场景的智能化解决方案，以及方案背后可验证的价值。在中台建设的基础上，金融机构会转向寻求场景突破，也就是以明确的业务诉求为导向，开展应用级别的项目建设。

人工智能要解决社会重大命题，就必须构建人机协作、自我进化的复杂智能系统。因为单点的工具和应用已经没有办法满足需要，也无法真正解决社会的重大刚需。技术服务目前面临三大挑战。第一大挑战是单点核心技术跨越鸿沟；第二大挑战是创新链条上关键技术的深度融合能力；第三大挑战是具备重大系统性命题的洞察解析能力。面对金融行业的复杂问题，需要提出具备行业洞察力的 AI 解决方案，这有赖于技术深度融合应用后行业流程重构和业务创新。

金融机构需要的是能落地应用的人工智能。科大讯飞在客户服务、营销获客、风险控制、运营管理等业务场景中的融合创新已初具成效，并在一些金融机构率先落地。例如在普惠金融产品的营销推广中，人机耦合后的业务办理成功率相较传统人工方式提升超过 30%；对多个省市的惠民补充医疗保险，智能保险营销服务一体化平台支撑从获客、核保、承保到理赔的全流程，高效服务千万量级的参保群众。

四、未来展望

（一）技术突破：向通用人工智能更进一步

通用人工智能主要指研制像人一样思考、可以从事多种工作的机器。人工智能产业界积极寻求进一步突破人工智能源头技术，向更通用的人工智能进阶。科大讯飞于 2022 年初发布"超脑 2030"计划，目标就是让人工智能懂知识、善学习、能进化，让机器人走进每个家庭。科大讯飞 2030 计划有三个重要的阶段节点：

第一阶段 2022—2023 年。让软硬一体机器人发展为外骨骼机器人，做宠物型机器智能硬件，使其具备一定的认知能力，以陪伴为概念。发布专业虚拟人家族，使其在医疗、教学等更多领域帮助人类。

第二阶段 2023—2025 年。要让外骨骼机器人进入生活，未来十年每个家庭都将有一个机器人。发布陪伴虚拟人家族，它们可以陪伴老人，进行情感交流。

第三阶段 2025—2030 年。让懂知识、会学习的陪伴机器人进入家庭，且数字虚拟人能够自我学习和进化。人工智能将在 2030 年真正解决人类现在最关心的老龄化、人口出生率降低的问题，用软硬一体化的实际能力帮助人类更好地面对未来。

（二）行业赋能：金融科技持续创新

在金融科技浪潮之下，科大讯飞的"AI＋金融"解决方案连续两年荣获《亚洲银行家》最佳人工智能项目奖，服务触达上亿用户，在行业内树立了应用标杆。未来，在金融领域，虚拟数字人将在产品营销讲解、金融业务办理、资讯播报、咨询问答等多个业务场景中实现与用户的跨次元交互和个性化服务。未来的金融行业虚拟人将成为连接机构与用户的纽带,实现用户情感和价值的维系,为金融行业带来用户体验的全面升级。

(三) 人机协同:共建美好世界

未来,人机共存将更加和谐自然,人机交互将更加以人为本,人工智能将更加顺应每个人的发展,包括多模态感知和呈现、可编辑的人工智能人设、场景自适应的交互等。在 AI 赋能下,科技金融、普惠金融、绿色金融将融合协调发展,金融服务质量和体验将进一步提升,共同为数字经济建设和高质量发展保驾护航。

商业银行碳账户

董希淼[①]

绿色，是当代中国发展最鲜明的底色。2020年9月，习近平主席在第七十五届联合国大会一般性辩论上提出我国两个阶段碳减排奋斗目标，即二氧化碳排放力争于2030年前达到峰值，努力争取2060年前实现碳中和。"双碳"战略目标一方面彰显了中国作为世界大国积极应对气候和环境变化、走绿色低碳发展道路、推动构建全人类命运共同体、实现可持续发展的坚定决心；另一方面更是对中国贯彻落实绿色低碳发展模式、加快生态文明建设、实现高质量发展提出的新的战略要求。随着"双碳"战略目标的不断推进，绿色发展逐渐成为实现我国经济社会长久发展的重要议题。"十四五"规划和2035年远景目标纲要提出，推动绿色发展，促进人与自然和谐共生。金融作为现代经济的核心，应主动肩负起践行"双碳"战略目标、促进绿色发展的责任和担

[①] 董希淼，中关村互联网金融研究院首席研究员，招联金融首席研究员，复旦大学金融研究院兼职研究员。

当。这意味着商业银行绿色金融发展迎来新的机遇,也面临新的挑战。

气候变化问题关系人类共同命运,我国将用全球历史上最短时间实现从碳达峰到碳中和,任重而道远,迫切需要金融加大支持和服务力度。作为我国金融业主体,商业银行支持"双碳"战略目标不仅应加大对节能减排行业和企业的信贷投放,在终端消费市场也有着广阔的服务空间。一段时间以来,我国部分商业银行悄然试水,探索推出个人及企业碳账户。碳账户的主要功能是记录行为主体依据国家碳排放计量标准,将生产或生活中的碳排放进行量化的结果。碳账户将用户日常碳减排行为进行量化,尝试与金融服务挂钩,有助于增强全民绿色消费意识,丰富金融服务场景,助力如期实现"双碳"战略目标。下一步,应逐步完善个人及企业碳账户制度安排,鼓励商业银行积极创新和丰富支持碳减排的产品和服务。

一、碳普惠制与碳账户的理论基础

从理论研究的视角来看,有效推动社会经济绿色可持续发展、达到碳减排目的的机制安排主要包含四个方面:碳排放权交易市场、碳汇市场、碳税机制和碳普惠制。现阶段,人们的生活和消费习惯逐渐成为影响我国碳排放量及资源消耗的决定性因素。联合国环境规划署(UNEP)发布的《2020年排放差距报告》显示,如果采用基于消费的温室气体排放核算法计算,全球约三分之二的碳排放都与家庭排放有关。

因此，自2015年"碳普惠"概念提出以来，作为一种新型减排机制，碳普惠制的探索实践逐步兴起，商业银行等金融机构陆续展开关于碳普惠制的实践探索，学术界对碳普惠制的理论研究也逐步丰富。碳普惠制是为个人、家庭和小微企业的节能减碳行为赋予价值而建立的激励机制，以鼓励个人及企业自愿践行低碳，对资源占用少或为创建低碳社会做出贡献的个人、家庭和企业予以激励，利用市场配置作用达到公众积极参与节能减排的目的。其核心逻辑在于从消费端出发实施碳排放管控，再到生产端，最终实现整个社会的碳中和。这种针对个人和家庭低碳生活和绿色消费的自愿减排制度设计，是碳普惠制的重要实现方式，最典型的代表便是设立个人碳账户。

Burgess等人（2022）研究发现，家庭排放高于平均水平的二氧化碳主要是源于生活方式，与收入无关，这意味着以消费端为切入口控制个人、家庭和企业的能源消耗量是现阶段国内外学者公认的最有效方式。国外学术界对碳交易的研究较早。Fleming（1997）首先提出了个人碳交易的概念，并认为进行个人碳交易是减少家庭层面碳排放的新方式。Betz等人（2006）主张政府免费或低价出售碳配额，在个人购买汽油等能耗产品时同时扣减，由个人自主交易。Fawcett（2007）主张个人碳排放权应该免费，随着国家碳预算的减少，配额也将随之减少。

目前，国内商业银行等金融机构对碳账户的应用尚处在试点阶段，我国学术界对碳交易及碳普惠制运行机制等方面的研究较少，在碳账户的建立和应用上缺少完善系统的体系和办法。因此，碳账户作为碳减排的有效手段和碳普惠制的关键载体，大力开展对其运营模式的研究至关重要。吴嘉莹等人（2019）研究发现，部分互联网平台通过"蚂蚁森林"等产品，正构建一个全国统一的碳账户体系，为我国碳账户的可持续发展之路提供新的拓展思路。刘琦铀等人（2022）以个人碳交易理论为出发点，研究"互联网＋"绿色生态视域下的个人碳交易模式及其实施路径，为我国个人碳交易市场的推动落实奠定了理论基础。此外，吕靖烨、范欣雅（2022）的研究结果表明，在建设和落实绿色发展的过程中，政府具有关键的引导与支持作用，在此基础上各方需协作并行，推动我国个人碳账户的建设。

二、推行个人和企业碳账户的重要意义

在应对全球气候变化的背景下，各国商业银行等金融机构都肩负起实现社会经济绿色健康发展的重任，企业及个人也在社会环境长期变化中不断变革。简单来说，商业银行推出个人及企业碳账户，具有三个方面的积极意义。

（1）有助于提高全民绿色消费意识。"双碳"战略目标的提出旨在引导各国重视经济发展与环境保护之间的平衡，实现经济高质量发展。我国作为人口大国，应积极发挥碳减排工作中积少

成多的力量。商业银行等金融机构推出的碳账户作为工具，将用户生活、生产场景中的碳减排行为换算为银行专门账户中的积分，积分累积到一定数量可用于换取相应权益，引导用户形成绿色低碳的生活消费理念，增强全社会节能减排、绿色发展的意识，最终通过改变客户消费习惯影响市场上的生产者行为，实现从生产端到消费端的全面碳中和。

（2）有助于银行及企业绿色低碳发展。"双碳"战略目标的提出改变了企业碳排放义务与权利，也影响到企业资源价值和资产价值。世界各国企业在应对气候变化的过程中，受到了来自政策、环境潜移默化的影响。针对企业的碳账户加深了这种影响，进而促进企业转变发展模式、提升绿色业务占比。碳账户作为载体，在引导用户的同时将对银行形成无形约束，进而促进银行优化产品和服务，在业务发展中逐步降低碳排放，使各类经营管理行为更绿色低碳。

（3）有助于拓展金融服务场景。碳账户作为入口，与相应的金融服务权益挂钩，用户利用碳积分可兑换相应礼品及金融服务权益，这可以激励用户归集相应的金融业务和行为数据，使得商业银行更加全面地了解用户生活、消费、出行等各方面的习惯和行为。一方面，开拓用户营销服务的新场景，进而促进商业银行吸引更多新的客户，活跃存量客户；另一方面，掌握用户与碳减排相关行为数据将使商业银行更好地了解客户，利用这些碳信息得出精准用户画像，为消费者提供更为个性化的金融产品及服务。

总之，作为一种金融服务创新，商业银行推出个人及企业碳账户，将金融服务与用户行为在"双碳"战略目标下进行链接，既有助于在全社会宣导绿色低碳理念，也有助于商业银行进一步丰富自身金融服务场景，拓展新兴领域金融业务，增加现有用户黏性并获得新的用户。

三、国内外关于碳账户的具体实践

在"双碳"战略目标的引领下，围绕企业及个人碳账户的金融创新不断涌现。研究分析国内外关于个人及企业碳账户的实践经验，学习借鉴国内外在金融领域的创新应用，有助于充分发挥碳账户在加速绿色金融发展、实现"双碳"战略目标等方面的作用。

目前，美国、澳大利亚、日本等正在试行建立碳账户，依靠碳积分制度量化个人及企业的碳减排行为，鼓励消费者加入绿色低碳生活行列。2010年，澳大利亚政府推出个人碳交易计划，为每位"碳信用卡"使用者配备一定碳额度，在购买汽油等能源时进行相应抵扣。同年，日本开始逐步落实"环保积分"制度，用户在购买环保家电或使用低碳出行方式时可以获得一定积分。随后，美国上线Joro APP，以问卷调查形式记录企业及个人在日常经营和生活中的碳排放量。2011年，韩国光州银行向公众家庭发放"碳银行卡"，用于记录客户在过去半年时间内的水、电、天然气等的使用情况，若使用量出现一定程度的下降则给予相应积分奖励，持卡人在使用公共交通工具、购买经过认证的绿色产品时也能获得相应的碳积分。

从目前国内银行业的实践看，与碳账户有关的产品和服务大致有两类，一类是个人碳账户，一类是企业碳账户。2018年，浙江省衢州市在全国首创银行个人碳账户，通过挖掘银行账户系统蕴含的绿色支付、绿色出行、绿色生活等大数据，从节约纸张、交通碳排、用水用电等维度折算个人绿色行为节省的碳排放量。2021年，衢州全市域推进碳账户体系建设，建设了覆盖碳源碳汇、六大领域、三类主体的碳账户。衢州衢江农商银行拓展碳积分的价值应用，量身定制"点碳成金贷"，并根据客户碳积分水平划分客户等级，提供差异化的金融产品及服务。上海首部绿色金融法规《上海市浦东新区绿色金融发展若干规定》明确提出探索建立个人和企业碳账户。

2022年以来，我国多家商业银行加快个人碳账户探索。2022年1月，山东日照银行推出了个人碳账户，客户可以通过个人绿色出行、绿色生活、绿色信贷等行为积累碳积分兑换绿色金融权益。随后，中国建设银行在手机银行里设立"碳账本"板块，其"基于'碳账本'的个人金融服务"项目拟被纳入北京金融科技创新监管工具的创新应用。2022年4月，"中信碳账户"上线，依托中信银行信用卡"动卡空间"APP，通过用户授权自动采集个人在不同生活场景下的低碳行为数据，累计个人碳减排量，打造个人"绿色生活名片"。企业碳账户方面，浦发银行在2021年11月推出适用于企业的碳账户体系，碳积分来源于企业在该行绿色金融业务所对应的二氧化碳减排量，企业在该行办理的绿色信贷、绿色债券等业务可形成对应的碳积分。2022年6月，北京银行发布"京碳宝"企业碳账户，制定全产品绿色生命周期权益计划，探索"绿色投融资＋数字人民币支付"组合服务方案。总体来看，无论是个人碳账户还是企业碳账户，没有都与相应的金融服务挂钩，在额度、利率、期限、流程等方面享有一定优惠。

我国许多商业银行虽然尚未设立个人及企业碳账户，没有建立完善的"碳积分"制度，但部分银行从提倡绿色低碳生活的理念出发，以支持绿色消费为切入点，抓住零售业务广阔的市场空间，推出以"绿色"为主题的金融产品，如兴业银行推出的"低碳信用卡"，中国光大银行推出的"绿色零碳信用卡"，中国农业银行推出的"金穗环保卡"，广发银行推出的"新能源车主卡"等。还有一些银行针对企业客户，推出碳排放配额质押贷款、核证自愿减排量质押贷款，以及绿色债务融资工具、碳中和债、可持续发展挂钩债券等，服务相关行业和企业从高碳向低碳转型。

四、我国碳账户发展面临的困难与挑战

相比国外碳普惠机制的具体实践，我国碳市场建设起步较

晚，目前，碳体系构建尚未完成，商业银行碳账户发展仍处于探索阶段。从实现碳账户可持续发展目标来看，我国商业银行碳账户在制度安排、积分核算、信息采集和市场推广等方面的实践还存在一些不足。

一是碳账户如何开立，尚无相应的制度办法可以依照。建立一套完善的碳账户运营体系和可行的制度办法，需要国家战略指引和相关部门鼎力支持。现阶段我国各互联网平台和商业银行碳账户发展水平良莠不齐，缺乏统一的法律法规和行业准则规范其运营流程。在这种情况下，可能由于碳账户开立和碳积分兑付标准不一致而引发信任纠纷，也可能因为标准不一而导致用户逆向选择，对于拓展碳账户应用范围、推动碳账户用户增长较为不利。同时，由于缺乏严格的法律约束，碳账户在运营过程中很可能出现大量个人信息流失、企业经营数据泄露等问题，威胁用户的信息安全和隐私保护。

二是碳减排行为如何计量并转换为碳账户积分，缺乏具体标准。统一合理的碳积分核算和兑付标准，是保障碳账户公信力的重要基础。从现阶段我国各商业银行碳账户的实践来看，同样的绿色低碳行为在不同平台上对应不同的碳积分，这将导致碳评价体系缺乏专业性与可比性，用户对碳账户的信任度和使用热情可能降低。同时，不一致的评价标准将带来恶性竞争，各商业银行为了扩大用户群体将制定不同的积分转换和权益兑换规则，导致碳市场失衡。此外，在绿色金融管理方面，不同地区对同一企业或项目的绿色属性认定标准存在差异，这将制约商业银行等金融机构开展绿色金融服务、支持绿色产业发展进程。

三是碳减排数据采集困难，来源不够全面。碳账户的运营，需要收集记录用户在企业经营和日常生活中的碳减排行为并量化为一定碳积分。但在实践过程中，这些减排行为发生的场景较为分散，平台面临着数据归集处理和隐私保护两方面难题。在数据统计方面，如果没有实现平台间的信息共享，就难以有效降低数据采集成本，完善数据统计范畴。从企业端来看，碳信息共享是金融部门有效识别绿色低碳项目和企业以及开展环境效益核算的重要前提；从零售端来看，分散在不同平台的碳积分难以实现互通、权益无法互享，为个人碳账户的推广增加难度。在隐私保护方面，碳排放数据采集与信息保护在一定程度上存在冲突，如何在隐私保护与数据应用之间找到平衡是未来我国碳账户发展亟待解决的问题。

四是碳账户仅在小范围内试点，尚未被社会公众所了解和接受。现阶段，商业银行等金融机构陆续推出绿色金融产品、开展绿色金融服务，但低碳减排项目常常跟随政策导向，不具备高回报率。对企业客户而言，转换绿色发展模式往往伴随新产品开发、业务推广等高昂成本，而碳平台相关优惠尚不足以补贴这些额外的成本增加，由于受到碳积分使用场景的限制，很难吸引企业客群。对个人客户而言，居民对商业银行个人碳账户认识度不高，社会层面的普及率较低，同时各平台积分兑换政策力度不大，激励作用达不到预期效果。总之，目前无论是个人碳账户还是企业碳账户，都面临"叫好不叫座"的尴尬局面。

未来，我国在加快迈向"双碳"战略目标的背景下，应进一步采取措施，完善与个人和企业碳账户相关的制度安排，鼓励商业银行与社会公众更多参与到碳减排行动中来，加快构建面向全社会的碳普惠体系。

五、发展商业银行碳账户的政策建议

近年来，商业银行不断围绕个人和企业碳账户开展绿色金融创新，开始发挥碳账户在碳普惠工作中的正向效能。针对现阶段我国碳普惠体系建设中存在的问题，建议金融管理部门、商业银行和社会各界从四个方面进行努力，让碳账户行稳致远，激发碳账户在金融场景、金融产品创新中的作用与价值，更好地助力"双碳"战略目标实现。

第一，完善制度建设，加大对碳普惠制发展的支持力度。碳账户承载着大量的数据信息，完善的法律法规和制度能够标准化碳交易的规则和流程，保障碳账户平台长期合规运营。因此，国家层面应尽快出台相关法律法规，整合各碳账户平台，明确个人及企业参与碳积分的权利与义务，适时制定银行个人和企业碳账户相关的制度，明确碳账户运营机构的市场准入标准和运营规则，尝试推出银行碳账户全国团体标准，为银行业发展碳账户提供支持和参考。与此同时，我国应在政策导向上继续加大对绿色金融企业及项目的支持力度,鼓励资金向绿色低碳领域倾斜,增加商业银行绿色金融业务考核比重,通过税收优惠、财政贴息等方式,充分发挥我国财政资金引导绿色金融产品创新的作用。

第二,统一积分规则,支持和保障碳账户可持续发展。碳账户积分规则的标准化意味着碳账户平台的专业性、科学性、合理性,是其拓展用户使用量、增加用户黏性的前提条件。我国金融管理部门应适时研究分析国内外现有的个人及企业碳减排量折算方法,探索出一套理论扎实、行之有效的折算标准。充分发挥金融科技的力量,尤其要充分发挥大数据、云计算等的作用,实现碳减排成果的科学计量、碳积分数据同业可比,减少各平台间的恶性竞争,维持碳金融市场的平衡稳健发展。此外,在企业、项目、个人行为的绿色属性认定上,我国应加快建立统一的标准,大力支持并推进商业银行绿色金融试点工作,在制度缺失领域先行探索绿色低碳相关规范,为制定国家标准提供实践经验。

第三,优化数据采集,拓展场景应用,实现碳数据安全共享。在数据采集方面,商业银行等金融机构应充分利用大数据、人工智能等手段挖掘数据价值,同时加大对个人消费、企业经营等行为数据的保护,不断提升数据安全管理能力,切实保障用户信息安全。此外,为扩大碳账户数据统计范围,全面涵盖绿色低碳场景及行为,建议由政府部门牵头建立碳账户数据互通机制,实现数据互补、场景整合。在数据应用方面,商业银行应充分挖掘并丰富个人碳账户的相关应用，将用户衣食住行用等多种场景纳入进来，丰富碳账户在零售金融端的切入口，并扩大碳积分的使用范围，匹配尽量多样的金融服务权益，让碳账户既叫好又叫座，真正实现社会公众自主选择、碳账户激励下的绿色低碳生活的美好愿景。在数据共享方面，政府部门应加快建立碳数据共享机制，尽快形成有序的数据共享与流转体系。同时明确数据使用过程中的权限边界，在法律框架下实现数据价值性与隐私性的平衡。

第四，加大宣传力度，激励公众践行绿色生活理念。我国碳账户实践正处在初期发展阶段，碳账户平台的建立和运营成本较高，如果只依靠财政补贴，难以支撑长期高昂的运营成本，且会给国家财政带来一定压力。因此各平台应充分借助市场化手段获得长期稳定的现金流，引导社会资源向绿色低碳领域转移。针对现阶段部分企业绿色转型门槛较高且难以较快实现，商业银行应积极探索企业碳账户，借助碳账户相关数据，更好地为企业绿色转型提供资金支持。同时，各级政府要加强与商业银行合作，发挥银行企业碳账户的积极作用，加快碳普惠机制和体系建设。金融管理部门和金融机构、社会各界应加大宣传推广力度，持续地向全社会普及碳账户的作用和权益，吸引和鼓励更多公众参与，形成规模效应和口碑效应，最终达到通过激励个人及企业碳减排行为助力"双碳"战略目标实现的目的。

从长远看，我国可以探索推出个人碳配额，为每个公民分配一定的碳排放权，存储在个人碳账户中，作为个人的碳排放配额。个人在购买汽油等能源时将扣除碳配额，未使用的碳配额可利用碳账户进行自由交易，从而实现强制性减排市场、自愿性减排市场和碳普惠交易市场的有机统一。

数字化赋能"专精特新"中小企业

张晓辉[①]

党中央、国务院高度重视中小企业发展工作,强调中小企业能办大事,要支持中小企业创新发展,加快培育一批"专精特新"中小企业和制造业单项冠军企业。

中小企业是中国社会稳定的恒温器;是中国经济繁荣的共创者;是中国企业家精神的动力源;是中国营商环境的风向标;是中国"大创新"的助推剂;是中国文化在共建"一带一路"倡议中的传播者。

工业和信息化部(简称工信部)相关数据显示,截至2021年7月,我国专精特新"小巨人"企业数量已达4 762家(2019年第一批248家,2020年第二批1 744家,2021年第三批2 930家),制造业单项冠军企业848家。所谓"专精特新"是指中小企业具有专业化、精细化、特色化和创新型发展特征,发展到下一个阶段还应具备智能化、系统化和人性化等特征。当前,工信

---

① 张晓辉,中国中小企业国际合作协会总经济师。

部正积极构建以培育"千家制造业单项冠军、万家国家级专精特新'小巨人'企业、十万家省级'专精特新'中小企业,带动孵化百万家创新型中小企业"为目标的"百十万千"梯度培育体系。2021—2025年,中央财政累计安排100亿元以上奖补资金,引导地方完善扶持政策和公共服务体系,分三批(每批不超过三年)支持1 000余家国家级专精特新重点"小巨人"企业高质量发展。

一、中国专精特新"小巨人"

"小巨人"企业评选要符合4项基本条件、4项专项条件和3项分类条件等要求,包括经济效益、专业化程度、创新能力、经营管理等方面。其主导产品应优先聚焦制造业短板弱项,符合《工业"四基"发展目录》所列重点领域,从事细分产品市场属于制造业核心基础零部件、先进基础工艺和关键基础材料;或符合制造强国战略十大重点产业领域;或属于产业链供应链关键环节及关键领域"补短板""锻长板""填空白"产品;或属于新一代信息技术与实体经济深度融合的创新产品。

根据工信部已公布的4 762家"小巨人"数据,从企业注册时间、注册地点、行业分布、实缴资本、融资情况、风险评估等多维度分析,结论如下:一是专精特新"小巨人"成立时间集中在2000—2014年;二是分布在全国,33%集中在东部沿海地区;三是行业集聚在制造业、科学研究和技术服务业;四是实缴资本多在 5 000 万元人民币以上，近 50% 的企业有融资行为，近 80% 的企业有对外投资情况；五是近 70% 的企业经营和司法风险较低。同时，专精特新"小巨人"还具备"56789"新特征：超 50% 的研发投入在 1 000 万元以上，平均拥有近 50 项有效专利；超 60% 属于工业基础领域；超 70% 深耕细分行业 10 年以上；超 80% 居本省细分市场头部；主营业务收入占全部营收的比重在 90% 以上。

二、中国单项冠军企业

中国单项冠军企业须符合以下五项指标：（1）长期专注并深耕产业链某一环节或某一产品领域，从事相关领域 10 年及以上，新产品应达到 3 年以上。（2）企业申请产品的市场占有率位居全球前三。（3）企业生产技术、工艺国际领先，重视研发投入，拥有核心自主知识产权，主导或参与制定相关领域技术标准。（4）企业申请产品质量精良，关键性能指标处于国际同类产品领先水平。盈利能力超过行业企业的总体水平。重视并实施国际化经营和品牌战略。（5）具有独立法人资格、健全的财务、知识产权、技术标准、质量保证和安全生产等管理制度。近三年无环境、质量、安全违法记录，企业申请产品能耗达到能耗限额标准先进值，安全生产水平达到行业先进水平等。目前，上天、入海、探月、高铁等重大工程都有制造业单项冠军企业的身影。

三、德国隐形冠军的标准

2022年为中德建交50周年，德国在培育隐形冠军方面的做法和经验值得我们学习和借鉴。目前，全球有近3 000家隐形冠军企业，其中德国拥有近1 400家。德国隐形冠军有三个标准：一是该企业所经营的产品在全球市场的占有率排名前三或在大洲排第一，换言之，在行业拥有绝对话语权，甚至是标准的制定者。二是营业额达到50亿欧元左右（有的企业平均年营业额只有3.26亿欧元，1/4的企业不到5 000万欧元。这些企业规模虽小，但全球竞争力强，处于细分领域市场的头部）。三是企业的知名度较低，不为大众所知，这类企业注重研发投入，投资稳健，很少融资，执着于细分市场，政府的政策扶持体系是关键。

德国的国土面积35.7万平方千米，人口约8 300万；拥有2 300个世界品牌，28家世界500强企业；333所各类大学（多数为双元制职业学院），6 372所艺术博物馆。德国"双元制"的教培模式塑造了工匠精神，近1 400个隐形冠军成就了"德国制造"。可以说拥有德国制造文明，才有德国品质。

德国"隐形冠军"概念的提出者是赫尔曼·西蒙教授，"隐形冠军"概念的提出、标准的设定、行业的选择、细分领域的划分，建立在对企业长期追踪、大数据科学分析、对行业发展和国际竞争力研判等基础之上。西蒙教授务实、严谨的治学态度，充分体现了德国制造的精神。

四、中国中小企业的建设

(一) 中德政府合作中小企业经理人培训项目

企业靠管理，管理要人才，人才在培养。在经济全球化进程中，加强中小企业人才队伍建设，实施人才强企战略，提高经营管理者素质，强化和提升中小企业自身"造血功能"和国际竞争力是大势所趋。始于2007年的中德政府合作中小企业经理人培训项目成效显著，实现了中德双赢的局面。截至2021年底，近200名德国中小企业经理人来华进行商务交流，800多位中国中小企业经营管理者赴德接受培训和进行项目对接，其中30%的学员所属企业为专精特新"小巨人"，5%发展成为中国制造业单项冠军。这些学员学成回国后，对推动中德中小企业合作区建设，培育专精特新"小巨人"企业和制造业单项冠军起到了至关重要的作用。

(二) 中外中小企业合作区建设

2012年工信部先后在全国设立了近20个中外中小企业国际合作园区，涉及中德（10个）、中意、中瑞、中东欧及"一带一路"等多双边国际合作。截至2021年底，合作区累计签约外资投资项目超过4 300个，使用外资规模达430亿美元。其中，中德（太仓）中小企业合作示范区引进超400家德国独资中小企业落户园区（含隐形冠军企业近50家），成为中德务实合作的典范。

(三) 中小企业"321"工作体系

2022年工信部继续构建中小企业"321"工作体系：一是新培育3 000家左右"小巨人"企业，200家左右制造业单项冠军，带动各省培育"专精特新"中小企业达到5万家左右。二是加快数字化赋能中小企业。切实落实好《为"专精特新"中小企业办实事清单》各项任务，制定中小企业数字化转型的评价标准，聚焦中小企业需求编制中小企业数字化转型建设指南，分行业制定数字化转型路线图。三是推动大中小企业融通发展。在产业链、供应链和协同创新等方面实现更高效、更便利的对接，推动龙头企业对中小企业开放技术、市场、标准、人才等创新资源，总结融通创新的典型模式和经验，培育更多专精特新"小巨人"和制造业单项冠军企业。

五、建议与展望

通过对"小巨人"、单项冠军和隐形冠军的比较分析，可以得出这样的结论："小巨人"是高中生，单项冠军是本科生，隐形冠军是研究生。为此，笔者提出以下建议供相关部门参考：(1) 健全科学的优质中小企业专精特新"小巨人"评价体系；(2) 厘清专精特新"小巨人"和制造业单项冠军的界限；(3) 对标德国隐形冠军，发展中国制造业单项冠军，拥有自主知识产权，解决关键核心技术攻关难题，突破"卡脖子"技术瓶颈；（4）扩大中国单项冠军企业在欧洲设立研究机构的数量，目的是利用当地人才，提高产品研发能力，提升企业国际竞争力；（5）高度重视专精特新"小巨人"、制造业单项冠军企业与区域经济发展的平衡关系；（6）将我国部分现代服务业，如律师事务所、会计师事务所和产权交易机构等纳入专精特新"小巨人"评审，助力中小企业"走出去""请进来"，融入"一带一路"建设；（7）加快构建大中小融通发展创新生态，促进"小巨人"和单项冠军企业为大企业做好配套服务；（8）数字经济时代，引导"小巨人"、单项冠军企业走数智技术与实体经济深度融合、赋能传统产业转型升级的产业互联网之路；（9）传承艰苦奋斗、独立自主、自力更生的精神；（10）培育中小企业经营管理者的社会责任感和"企业有国界，生意无国界，企业家有国籍"的爱国主义情怀，让越来越多的"小巨人"、单项冠军企业助力中国经济高质量发展。

第 3 篇

监管和治理

数字经济下的数字金融监管

周延礼[①]

数字经济是当前我国经济增长的核心动力之一，数字金融、金融监管如何服务数字经济的发展，是当前社会各界高度关注的问题。

2021年10月18日，习近平总书记主持十九届中央政治局第三十四次集体学习时强调，要站在统筹中华民族伟大复兴战略全局和世界百年未有之大变局的高度，统筹国内国际两个大局、发展安全两件大事，充分发挥海量数据和丰富应用场景优势，促进数字技术与实体经济深度融合，赋能传统产业转型升级，催生新产业新业态新模式，不断做强做优做大我国数字经济。

2021年12月，国务院印发《"十四五"数字经济发展规划》，明确"十四五"时期推动数字经济健康发展的指导思想、基本原则、发展目标、重点任务和保障措施，并提出到2025年，数字经济核心产业增加值占GDP比重达到10%。数字要素市场

---

① 周延礼，第十三届全国政协委员，原中国保监会党委副书记、副主席。

体系初步建立，产业数字化转型迈上新台阶，数字产业化水平显著提升，数字化公共服务更加普惠均等，数字经济治理体系更加完善。展望2035年，数字经济将迈向繁荣成熟期，力争形成统一公平、竞争有序、成熟完备的数字经济现代市场体系，数字经济发展基础、产业体系发展水平位居世界前列。

一、数字经济的发展要求金融业提供精准服务

我国数字经济规模由2012年的11万亿元增长到2021年的45.5万亿元，连续多年稳居世界第二，数字经济占国内生产总值的比重由21.6%提升至39.8%。作为数字经济基础设施的5G建设，截至2022年底，我国累计建成并开通5G基站231.2万个，国内5G基站总量占全球60%以上，5G网络已覆盖所有地级市城区和县城城区，超过92%的乡镇镇区，每万人拥有5G基站数达到16.4个，比上年末提高6.3个。

2021年，我国数字产业化规模为8.35万亿元，占数字经济的比重为18.3%，占GDP的比重为7.3%；产业数字化规模达到37.18万亿元，占数字经济的比重为81.7%，占GDP的比重为32.5%。产业数字化赋能实体经济的作用进一步显现。大数据、云技术、区块链、人工智能等技术运用的深入和融合，极大地促进了金融科技的发展，推动了数字技术赋能金融，形成了数字金融发展新动力。数字金融的发展主要表现为以下几个方面：

(一) 数字经济发展要求金融科技赋能金融服务

数字技术与金融服务的结合,促进了传统的银行保险机构和其他金融机构金融服务效率的提升,尤其是在征信管理、信贷投放、风险管控、保险定价等方面,数字技术提供了精准服务的技术条件。未来,数字技术将赋能金融,进一步为专精特新企业,尤其是一些中小微企业、科技创新型专精特新企业提供更加精准的金融服务。在后疫情时代,金融机构通过数字技术可以更好地服务和支持实体经济的发展,提升金融的效率,降低企业融资成本,提高经济效益,防范金融风险。

(二) 数字经济发展要求金融科技赋能风险防控

数字技术在降低金融机构的运营成本、提高风险管控能力方面蕴含着巨大的潜能。数字技术在整个金融业运行和数字基础设施建设方面有很大的运用空间。因此,金融机构要加大对数字技术科技研发的投入和转化。例如,区块链技术在企业和个人征信、数字货币、数字金融、数字保险等方面具有先天的优势,可以防止数据篡改,有助于数据存储和数据价值挖掘。未来,科技赋能金融服务和聚焦数字金融是金融科技发展的方向,风险防控是数字经济高质量发展的保障。

(三) 数字经济发展要求金融科技赋能数据要素

一方面,数据空间是比较广泛的概念,有现实空间和虚拟空间之分,制度化、法制化为数据要素生产提供了制度保障。另一方面,数据空间要解决的是数据的生态系统问题,要有标准、有规则。首先,在数字技术方面,要通过区块链和隐私计算技术相结合,实现数据确权、数据安全、隐私保护和数据资产价值挖掘。其次,在数字经济制度建设方面,要通过法律、法规和技术的融合,解决数据资产的收益制度保障问题。数据是数字经济的重要生产要素,同时数据也是资产,这就要求把数据要素放在法律、法规等制度建设的一个突出位置,结合多方安全计算、同态加密和零知识证明等数字技术,解决隐私保护、数据价值挖掘、数据资产确权等问题。最后,在数字经济安全方面,数字经济是以数据和信息资源为关键要素,以现代信息网络为主要载体,以通信技术融合应用的新经济形态。安全是数字经济发展的首要任务,其中现代信息网络安全是数字经济安全的核心,而数据安全是网络安全的核心,也是国家网络空间安全的核心。因此,要确保数字经济安全平稳地发展,除了网络安全产品、网络安全保险、网络技术体系、网络信息在线监管平台建设之外,还要积极推动网络安全产业发展方面的技术路线、制度规范,包括信息技术设施的保护、数据安全的监管、个人信息的保护等。数字经济安全的核心是数据保护,在数据保护当中，要对一般数据、核心数据和重要数据进行合理区分，这有利于推动网络安全产业发展，对信息基础设施保护、数据安全监管、个人信息保护等至关重要。为此，要遵循数据的分类分级管理原则，合理准确地确定一般数据、核心数据、重要数据，切实保护国家、企业和个人的利益。

二、数字经济高质量发展要求金融业提供风控科技支撑

2021年6月10日，第十三届全国人民代表大会常务委员会第二十九次会议通过《中华人民共和国数据安全法》（简称《数据安全法》），自2021年9月1日起施行。《数据安全法》确立了数据分类分级保护、数据安全风险评估、监测预警、应急处置、数据安全审查等基本制度，并明确了相关主体的数据安全保护义务。法律的通过是重大成果，意味着国家从法律层面对数据安全管理和开发利用进行规定和约束，进一步提升国家数据安全保障能力，这不仅是落实依法治国的具体行动，也将为数字经济更好更快地发展打下坚实的基础。所以，金融业在拥抱科技创新的同时，要坚持审慎的态度，贯彻好《数据安全法》。面对数据安全、网络安全、科技监管等方面的新问题和新挑战，可以从以下几个方面入手。

（一）金融保险业要关注数据安全与用户的隐私保护

在大数据时代，金融保险业的数据收集能力空前提高，数据

体量呈现出爆发式增长的态势。但是大数据在驱动行业转型升级的同时，亦可能侵犯消费者的权益。要防止一些公司利用自身的垄断地位或市场优势，过度采集、使用企业和个人数据，甚至盗卖数据等不规范行为。要加快完善数据保护的法律法规，这是数据开发利用的基础性工作和数据价值挖掘的保障，同时也是完善数据市场的迫切需要。数据要素市场急需确立能确认各方数据权益、数据流转和价格形成的相关体制机制，确保数据价值被公平合理地利用，依法保护各交易主体利益。

（二）金融保险业要加强网络安全建设

互联网金融的普及使得金融服务对网络的依赖性大大提升，相对于传统风险，网络风险的扩散速度更快、范围更广、影响更大。突发性网络安全事件对金融机构的应急管理提出了更高要求。金融保险机构要强化客户信息安全保护，提升突发事件应急处置和灾备水平，加强网络安全建设的统筹规划，将网络安全与数字化转型的实际需求相结合，更好地发挥网络安全对数字化转型后业务安全的保障作用。

（三）金融保险业要关注网络安全保险的发展

网络安全保险是对网络空间的不确定性进行保障，避免各种网络攻击、管理不到位、软硬件故障等给企业经营带来损失，是主动的风险管理解决方案。未来的网络安全保险会逐步将数字货币、商业机密、知识产权、声誉损失等纳入保障范围。随着企业数字资产价值评估手段的进步，数字资产会在将来得到更好的保障。

截至 2022 年底，我国共有 30 家保险公司备案了 78 款网络安全保险产品。从服务机构看，包括中国人民财产保险股份有限公司、中国太平洋财产保险股份有限公司等在内的 20 余家中资保险公司已经具备了网络安全保险相关产品和承保能力。从产品类型看，企财险数量接近半数，另有责任保险 10 余款，综合保险、应急响应专项险等其他类型险种。2022 年根据工信部的统计，我国网络安全保险保费规模仅约 1.4 亿元，相对于全球网络安全保费规模 100 多亿美元来说还有很大的上升空间。要让数据管理机构全面认识到防范风险需要市场化的手段，网络安全保险相关产品和承保能力对确保网络安全是重要手段。

三、数字经济与数字金融融合发展要求有效的金融监管

工业经济对应的微观基础是企业、工厂，而数字经济的微观基础主要是各种平台，平台企业是数字经济的神经中枢。平台企业的规范健康持续发展是数字经济高质量发展的前提，因此要加强对平台企业的金融监管、规范平台经济竞争秩序。对数字平台企业的监管要坚持三个原则：第一，**坚决打破垄断**，纠正、查处不正当竞争行为，维护公平竞争市场秩序；第二，坚持所有金融活动必须依法依规纳入监管，坚持金融业务必须持牌经营，坚持

对各类违法违规行为"零容忍";第三,坚持发展和规范并重,坚持"两个毫不动摇",依法保护产权,弘扬企业家精神,激发市场主体活力和社会创造力,增强我国金融科技企业在全球的核心竞争力。

目前,数字平台企业正积极对照法律法规和监管要求,深入有序落实整改要求。在完善公司治理、防范资本无序扩张、合规审慎开展互联网存贷款业务、推动小贷和消费金融公司合规展业、规范发展互联网保险业务、加强消费者权益保护等方面已取得一定进展和成效。金融管理部门要持续督促网络平台稳妥有序抓好整改,并适时对自查整改情况开展检查。对整改不到位或顶风违规的,依法依规严肃查处。平台企业要继续坚持服务实体经济和人民群众的初心,坚决维护公平竞争和市场稳定,切实落实主体责任,确保整改彻底到位。

四、规范发展数字经济的建议

数字经济已成为推动经济社会变革的重要力量,成为引领我国经济高质量发展的核心引擎。因此,规范数字经济发展,助力我国经济高质量发展,具有非常重要的意义。为保障数字经济的高质量发展,使我国发展成为数字经济强国,需要做好以下几个方面:

(一)在区分数据与信息上深入研究

探索和实践个人信息可携带路径,搭建数据行权平台与应用。要把数据权属确定下来，进行加工加密，做到信息可以携带，挖掘数据价值。未来，每个人的数据和场景对推动数据要素价值提升、数字经济发展至关重要。

（二）落实分级分类的数据安全管理要求

加强网络安全标准体系建设，加大对网络安全企业的信贷支持，做好网络安全保险方案的规划，为数据安全可控流通提供金融支持和保险保障。

（三）统筹做好数据产权保护和应用

激发数据生产要素价值，充分发挥区块链技术对数据资产化的产权保护作用，在虚拟数据中心技术性地解决分布式数据融合问题，形成广域的动态的数据链接与数据价值发现。

（四）加大数据安全技术的研发

聚焦数据安全、数据溯源，加大技术投入，鼓励技术团队研发。要高度重视数据的标准、数据的质量、数据的治理等方面存在的短板，为下一步高质量发展，尤其是数据安全打下坚实基础。

（五）加强对数据真实性的监管

要严厉查处数据造假，解决数据可靠性、真实性等方面的问题，改进检验技术不成熟、标准不明确、数据难以标准化流动等弱项。加大对大数据杀熟、滥用人脸识别技术、过度索取权限等乱象的监管，严格查处数据被大公司垄断管控的现象，杜绝数据处理透明度低、平台数据高收益低成本、算法合谋等事件发生，切实保护数据相关方的利益。

平台经济的创新与治理

黄益平[①]

近年来,互联网、大数据、云计算、人工智能、区块链等技术加速创新,日益融入经济社会发展各领域全过程,数字经济发展速度之快、辐射范围之广、影响程度之深前所未有,正在成为重组全球要素资源、重塑全球经济结构、改变全球竞争格局的关键力量。数字经济时代,经济和社会活动不断拥抱数字技术,大量平台型企业应运而生,这些企业从互联网的虚拟世界起步,逐渐渗透到消费生活的方方面面。

一、平台经济发展概述

所谓平台经济,是指一种依托云、网、端等网络基础设施并利用人工智能、大数据分析等数字技术工具的新经济模式,其主要业务包括撮合交易、传输内容和管理流程。因此,平台经济是

[①] 黄益平,北京大学国家发展研究院副院长,北京大学数字金融研究中心主任。

以人工智能和大数据分析为核心的第四次工业革命的产物。

(一) 平台经济概览

平台经济发展使得中国第一次有机会紧随工业革命的步伐，走在国际经济技术创新的前列。中国平台企业的发展是从1994年接入互联网之后开始的，一批国产的互联网公司很快应运而生，包括瀛海威（1995年）、搜狐（1998年）、网易（1997年）、腾讯和新浪（1998年）、阿里巴巴（1999年）和百度（2000年）。二十几年来，这个行业一直在洗牌，早年成立的公司，有的至今依然站在创新的前列，有的早已销声匿迹。之后又冒出不少新的头部平台，比如美团、滴滴、字节跳动和拼多多。即便与国外的一些头部平台如谷歌、脸书、推特等相比，国内的这些先行者起步也不晚，发展至今取得了非常大的成绩，在全球范围内也能占到一席之地。一般而言，平台经济在全球基本是三分天下：美国、中国和世界其他地区。但世界其他地区目前多是美国的公司在主导。根据信通院的数据，截至2020年底，全球市场价值超100亿美元的数字平台企业共有74家，美国和中国分别有35家和30家，可见是中美两国为主。

中国作为一个发展中国家，在平台经济领域能够排到世界第二的位置，主要归于以下四个因素。

(1) 数字技术的发展，尤其是数字产品的高普及率为数字经济和平台经济的发展提供良好的基础。跟其他发展中国家相比，中国的互联网、智能手机的普及率很高，移动支付、通信平台的触达和使用率也很高，良好的数字技术的发展和基础设施投资，为数字经济和平台经济的发展奠定了坚实的基础。

（2）创新活跃。作为数字经济一个重要的推动力量，便利的大数据收集和分析能够催生各种新型产品、流程和业务模式，在一定意义上促进了创新的活跃。

（3）国内大部分平台企业的市场业务和国际市场相对分离，市场存在较大的创新空间。相对分离的好处是给平台企业的发展创造了一个相对隔离的市场环境。中国市场规模大，市场大的好处是有人口红利，创新比较容易，尤其是平台企业容易发挥它们的特有优势。目前中国和外国市场之间存在一定的分割，美国企业没有在我国占据很大的市场份额，这给中国平台企业提供了发展的空间。

（4）市场化改革使得市场化程度不断提高。我国从1978年就开始对经济结构、经济政策体系进行改革，市场化的程度不断提高，市场配置资源比例不断上升。同时，所有制越来越多元化，民营企业、外资企业在我国经济当中发挥着越来越重要的作用。到目前为止，大部分成功的、规模比较大的平台企业是民营企业，这些企业在短短十几年间取得巨大的成功，就是市场化改革的一项成就。

需要注意的是，我国低数据保护、相对分割的市场并不是长期可持续的环境，而且短期内确实出现一些问题，所以非常有必要对这些问题进行监管、治理。尽管我国平台企业的规模已经非常大，甚至位于世界前列，但是就技术本身来说，跟国际上领先的平台相比没有特别突出的优势。我国平台企业怎样才能继续往前走，怎样才能持续保持竞争力，如何维持行业的创新能力，仍需要给予极大的关注。

（二）平台经济的创新与挑战

平台经济和传统经济有很大不同，在数字技术的赋能下，平台经济的复杂性、影响力达到前所未有的程度。一般来说，平台经济具备非竞争性、网络效应、规模效应、范围经济等诸多特点。范围经济建立在平台经济之上，可以实现领域跨界，同时具有网络效应，参与的个人或者企业越多，网络价值也就越大。

平台经济的发展为中国经济发展作出了巨大的贡献，但同时也遇到一些挑战。20年来，数字经济和平台经济对中国GDP增长和总要素改善发挥了巨大的作用。

平台的技术特性给经济活动带来多方面的好处，可以概括为"三升三降"。"三升"即提高效率、扩大规模、改善体验，"三降"即降低成本、控制风险、减少接触。

平台经济为什么能快速发展起来，有一个世界各国都适用的理由，就是我们正在经历第四次工业革命。第四次工业革命是以区块链、互联网、人工智能、大数据、云技术为核心的一场新革命。它在很多方面具有自己的特征，例如互联网的长尾效应，长尾效应在经济学中可以称作规模经济，平台建立以后，服务覆盖面增加的边际成本几乎为零。

平台经济在金融领域一个特别重要的功能就是改善触达。金融服务的一个困难之处就是如何寻找客户，传统金融机构的做法是把分支行开遍全国，但是这样做的成本高，包括中小企业、低收入家庭和农村经济主体在内的普惠型客户获得金融服务的难度较高，金融机构找到这部分客户本身就不容易。平台如果做得成功，首先可以克服这方面的挑战。

找到客户是第一步，第二步是做信用风险评估。大数据是平台的重要资产，它的好处是留给平台很多可以分析客户行为的信息。传统银行做信用评估有三种办法，一是看财务数据，二是看抵押财产，三是看关系型贷款，但是普惠型客户往往财务数据不足、没有太多房产做抵押。虽然很多大数据不是典型财务数据，但对一些规模小、期限比较短的贷款，利用大数据的方法来做信用风险评估是非常可靠的。

平台经济的发展确实带来了许多好处，但是也产生了一些问题。

问题一：潜在的反竞争行为

平台经济的重要特征是规模经济，但是规模经济可能造成赢者通吃，出现垄断的局面，所以在获取效率和风控好处的同时，需要关注潜在的反竞争的行为、垄断行为等。

问题二：集企业、调控和市场撮合三大功能于一体带来的利益冲突

市场经济中有三大主体：政府、市场、企业。三者各自为政，企业负责经营，市场负责交易撮合，政府负责调控。而在平台经济中，平台的设立突破了这三者之间的界限，往往兼具企业（经营）、市场（撮合）与政府（调控）的功能。平台本身是企业，所以也可以说它是一种新型的企业或经济主体。有时这三种功能之间可能存在一些利益冲突，怎么解决一家企业同时肩负这些功能，相互之间不会形成利益冲突的问题？如何确保平台既追求效率，又保证公平？

问题三：诸如猎杀式兼并的行为遏制创新

平台企业无疑都是创新型企业，没有创新它们做不到今天。但达到一定规模之后，它们是否依然能够保持创新的动力与能力？很多平台做大之后现金流充裕，大量收购新兴创新企业，降低市场竞争，就是所谓的猎杀式兼并，对创新非常不利。很多平台企业通过大量"烧钱"迅速形成市场规模，获取市场势力，有成功的（如滴滴），也有不成功的（如摩拜）。如果希望平台长期持续地成为创新的主流之一，就需要分析一个问题：平台经济究竟是如何影响创新活动的？

问题四：财富过度集中

平台企业的服务具有长尾效应，降低了就业门槛，因而在服务、产品提供等方面具有显著的普惠性，同时也提供了很多新的就业机会，对收入分配是有帮助的。然而，平台在创造许多跟线上业务相关的新兴就业机会的同时，也消除了一部分线下的就业机会。虽然总体而言，增加的就业机会可能超过减少的就业机会，但是不排除有很多人因此而失去工作，他们能否平稳过渡？能否继续找到满意的工作？另外，为线上业务服务的人员，特别是骑手、外卖员，他们的收入、福利和劳动条件如何？这些都是值得关注的问题。更值得关注的是，平台在发展过程中有可能通过规模经济或范围经济造成财富的过度集中。

问题五：信息不对称损害消费者利益

数据的最大优势似乎是降低信息不对称，通过分析大数据做信贷决策，就是因为可以部分解决信息不对称问题。大数据分析在帮助平台降低信息不对称的同时，反而增加了平台参与者的信息不对称，出现了"大数据杀熟"等问题。所以，需要知道利用数据算法实行差异化定价的边界到底在哪里。

二、平台经济的监管与治理

平台经济在发展过程中出现了很多问题，因此，加强对平台经济的治理，构建完整的监管框架，是非常必要的。近年来，我国出台了许多平台监管政策和法律法规，这种监管状态也被称为"强监管"。

始于2021年的平台经济"强监管"面临至少两个方面的困难。一方面，平台经济是新生事物，治理政策基本处于空白，

"强监管"的一个重要目的就是建立一个完整的平台经济治理体系，促进平台经济健康发展。但多部门同时出手很容易造成"运动式"治理，对平台经济造成较大打击。另一方面，平台经济具有许多不同于传统经济的特性，这些特性既可以带来很多好处，也可能造成不少问题。如果治理政策简单地沿用传统经济的思路，很可能造成"婴儿和洗澡水一起泼出去"的后果，不利于平台经济的健康发展。

平台经济的监管与治理可以分为经济监管与反垄断执法两个方面，但在实践中两者经常混淆。监管政策的目的是维护有效市场的正常运行，而反垄断执法的目的是恢复有效市场的正常运行。两个方面都迫切地需要政策创新。

美国的反垄断政策起步于1890年的《谢尔曼法》，该法明确指出联合共谋是违法的，企图支配市场就是犯罪。1914年美国发布了《克莱顿法》和《联邦贸易委员会法》，这两部法律与《谢尔曼法》一起构成了美国反垄断的基本法。在过去很长一段时间内，消费者福利成为判定是否存在垄断的一个重要标准，而反映消费者福利的一个重要指标是价格。这个方法使得现行的反垄断调查对巨型互联网公司的垄断行为无能为力，因为许多平台企业不仅没有提高消费者价格，反而压低价格甚至提供免费服务，但这并不一定意味着消费者得到了"补贴"或者平台没有垄断行为。一些线上平台不仅存在"球员兼裁判员"的利益冲突问题，而且还经常采用"掠夺性定价"和"垂直整合"等策略获取市场垄断力。

"大就是问题"的思路其实并不适合平台经济。规模经济是数字平台的基本特性之一,如果做大了就要受到反垄断打击,平台经济也就无法发展。事实上,中国一些平台企业规模很大,但包括电商、网约车、外卖等行业的竞争程度仍然非常高,在过去10年间,电商市场份额变化非常大,说明之前占到很大份额的平台并不拥有垄断地位。所以规模大不等于垄断,关键要看"可竞争性",即潜在竞争对手的进入门槛,进入门槛既包括牌照,也包括其他沉没成本,比如用户和数据。只要进入门槛足够低,平台即使占据很高的市场份额,也无法实施垄断行为。比如,某电商平台企业在全国市场上的份额从2012年的92%下降到2020年的42%,说明这家平台企业在2012年并不拥有垄断能力,这家企业减少的市场份额大多被社交媒体和短视频瓜分了。这就涉及平台经济的范围经济特性,即同时生产多种产品的总成本低于分别生产各个产品的成本之和,可能使得平台经济在充分竞争和规模效应之间实现调和。社交媒体平台可以基于其已有的用户和数据跨界进入电商领域,这样即便一家独大的电商平台也无法享受垄断的红利。事实上,我国平台经济中跨界经营非常普遍,这说明除了做好反垄断,还应增强"可竞争性",也就是降低潜在竞争者的进入门槛。

相比较而言,平台监管的任务很重,特别是需要构建一个完整的监管体系。当前平台经济的监管存在两个方面的问题:一是虽然相关的法律法规已经不少，但缺乏统一的政策框架；二是缺乏有效的政策协调机制，各个部门多是各自为政，相互之间缺乏协调，长期目标与短期效应之间缺乏平衡。

加强平台经济治理的目的应该是建立一套完整的监管规则和施政手段，最终把治理转化为日常性的行为，即实现常态化。此外，对于受到很多关注的"不规范行为"如排他性协议或差异化定价，需要在充分考虑平台经济特性的基础上做深入的分析。以"二选一"的排他性协议为例，如果平台依仗市场地位排除竞争对手，那就应该禁止。同样，差异化定价是否合理，要看市场供求关系与成本，而不能一概认定为歧视性行为。这就要求监管政策基于严谨的经济学分析，同时要有明确的程序来帮助判定合理性。

平台治理逻辑应从"突击型"向"规范化"转变。实行"强监管"的目的是实现"在发展中规范，在规范中发展"。政策既要考虑长远方向，也要关注短期影响。中国平台经济在全球市场占据重要地位，应该珍惜这一来之不易的相对优势。改善平台经济治理很有必要，但政策的制定与实施要相互协调、把握力度。

首先，需要建立一个完整的平台经济治理的法律与政策体系。目前已经有诸如数据保护、反垄断等政策，但相互之间缺乏衔接，应尽快制定一部能够覆盖整个数字经济领域的《数字经济法》，为平台经济治理提供系统性的法律依据。明确平台经济治理的目标为保障充分竞争、支持创新、保护消费者权益等。最好能清晰地阐释"资本无序扩张"等概念,避免在执行过程中做扩大化的解读。

其次,改善平台经济治理政策的协调性,短期尽量明晰机构分工、强化政策统筹,长期可考虑建立综合性的平台经济治理机构。我国的平台经济监管部门既有行业监管部门,如交通部、人民银行和工信部,也有一般性的监管部门,如市场监管总局。它们既管理市场秩序,又负责反垄断执法,还制定数据治理规则。短期可以考虑在国家层面设立一个协调机制,长期应该考虑建立综合性的平台经济监管机构,这样才能全面地评估综合性平台的行为与效果。平台经济监管和反垄断最好能分开,同时采取日常性的、回应型的适应平台经济特性的监管方式。平台经济监管关注的是维持市场秩序,反垄断执法看重的是恢复市场效率,反垄断与监管都要高度重视"可竞争性"条件。另外,对于"二选一"和"价格歧视"等平台行为,要认真分析其是否合理,不要搞简单的"一刀切"。

再次,建立适应平台经济的劳动者权益保障体系,比如,成立平台行业协会等。

最后,创新性地制定、协调数据政策,同时推行算法审计,而非简单地套用传统要素的治理思路。基于数据作为准公共品的非竞争性和部分排他性等特征,先确权、再交易的传统方法不再适用。建议成立一个高规格的数据治理委员会,统筹数据政策,包括制定数据生产要素的交易范围、算法治理和个人信息保护与数据安全等方面的指南；负责数据牌照的审核、发放、限制使用和吊销；协调个人信息保护和数据安全方面的工作；设定争端解决与协调机制等；推动算法审计，建议算法审计以要求相关企业报告输入输出和结果评估为治理重点。

从金融科技治理到金融伦理建设

杨　涛[①]

当前，新技术与金融的融合日益密切，给金融要素、金融功能带来深刻影响。与此同时，由于技术带来的业务创新可能走到制度规则的前面，会产生诸多风险与挑战。对此，推动金融科技伦理的建设，是把握好金融科技创新与安全"跷跷板"的重要选择之一。

一、金融科技的演进与风险挑战

我国金融科技已经走上快速发展的道路。据相关银行年报统计，2022年6家国有大型商业银行及10家全国性股份制商业银行金融科技投入总额为1 787.64亿元，较上年增加142.04亿元，同比增长8.63%，其中工行、建行、农行、中行金融科技投入均超过200亿元，分别为262.24亿元、232.90亿元、232.11亿

[①] 杨涛，中国社会科学院国家金融与发展实验室副主任、产业金融研究基地主任、金融研究所支付清算研究中心主任，研究员，博士生导师。

元、215.41亿元。从全国性股份行来看，2022年招商银行金融科技投入最多，达到141.68亿元，增速6.60%，占营收比例4.51%，较上年增加0.14个百分点。相比2021年，多家银行金融科技投入有较大增幅。例如2022年交行金融科技投入116.31亿元，同比增长32.93%，占营收比例5.26%；兴业银行金融科技投入82.51亿元，同比增长29.65%，占营收比例3.71%；民生银行金融科技投入47.07亿元，同比增长22.48%，占营收比例3.57%。

各家银行在加大金融科技投入的同时，也非常看重金融科技人才，科技队伍持续壮大。数据显示，截至2022年底，6家国有大行以及招商银行、中信银行、兴业银行、浦发银行等9家全国性股份行的金融科技员工总数达到12.83万人，较2021年增加约1.25万人，增幅近11%。其中交行金融科技员工5 862人，较上年末增加1 323人，同比增长29.15%，占员工总人数比例6.38%。

此外，中国银行业协会发布的数据显示，2022年银行业金融机构离柜交易笔数达4 506.44亿笔；离柜交易总额达2 375.89万亿元；行业平均电子渠道分流率为96.99%。与此同时，2022年各银行营业网点数量继续缩减。

虽然金融科技创新加速推进，但不容忽视的是，需要充分认识金融科技的风险与挑战。对此，需要从之前模糊的"拍脑袋"，到更加量化精准的分析和细分。

一方面，需要深入思考，各种各样的金融科技创新活动在系统性层面是增加了风险，还是减少了风险。例如，对系统性风险，除了过去经常谈到的"大而不倒"，还有一种情况是"网而不倒"，金融科技创新或许规模有限，但由于它连接众多主体，一旦出现问题，可能给整个网络带来冲击。

另一方面，对非系统性风险需要进行甄别。有研究表明，金融科技活动归根到底是改变了夏普比率，实际上是以承担每单位同样的风险来获得更大的收益。从这个角度来解读的话，金融科技和风险的关系会更清晰一些，因为有时候并不是减少了风险，而是以同单位的风险获得更大的收益。

此外，需要考虑现有的创新能否有效地规避微观风险，包括信用风险、流动性风险等。金融科技风险的产生还有一些外部影响因素，大量金融科技风险归根结底需要在金融之外解决。对于这些问题不能泛泛而谈，也不能谈风险而色变，因为没有风险就没有任何创新，金融的价值就是为了管理风险。

二、金融科技发展需要加强治理

中央全面深化改革委员会（以下简称"中央深改委"）第二十六次会议审议通过了包括《强化大型支付平台企业监管促进支付和金融科技规范健康发展工作方案》在内的一系列重要文件，对于数字化背景下的金融科技创新与发展起到了重要指导作用。

近年来，数字化与新技术给金融业带来了深刻影响，持牌金融机构、大型平台企业、新技术企业、互联网金融组织都成为其中的推动者。但是，由于存在探索中的"野蛮发展"，以及相关规则的不完善，互联网金融遭遇了重大挫折，同时大型平台企业介入金融领域，在产生积极的"鲶鱼效应"的同时，带来更加复杂的风险因素。实际上，在有效防范重大风险与推动金融高质量发展的综合目标的协调下，近两年的监管与政策已经明确了基本思路，即金融业务、技术服务、数据支撑等各自权责明晰，减少交叉地带的风险积累。中央深改委第二十六次会议把现有的监管实践进一步归纳，使其成为未来一段时间把握好风险与效率"跷跷板"的基本原则。

在金融供给侧改革的整体趋势下，金融科技自身也需要推动结构性改革，一方面解决金融科技发展中的"短板"，另一方面更有效地满足企业和居民的合理金融需求。无论是人民银行发布的《金融科技发展规划（2022—2025年）》，还是银保监会的《关于银行业保险业数字化转型的指导意见》，都旨在改变金融科技发展中的不平衡不充分问题。比如，数字化浪潮下，智能技术应用带来的数字鸿沟问题日益凸显；区域间金融发展不平衡问题依然存在；大小金融机构间数字化发展"马太效应"尚待消除；技术应用百花齐放，而关键核心技术有待突破等。这些文件与中央深改委第二十六次会议的核心精神体现了逻辑一致性，即持续推动金融科技的高质量发展、合规发展、负责任发展。

三、以金融科技生态完善作为核心

未来要推动我国金融科技持续健康发展,必须努力优化金融科技生态这一创新"土壤"。

所谓金融生态,通常指在一定时间和空间范围内,金融市场、金融机构等金融生态主体在与外部制度环境相互作用的过程中,通过分工合作所形成的具有一定结构特征、执行一定功能的动态平衡体系。

与之相应,健康的金融科技生态体系应该有以下几个特点。一是开放,即拥有立体化、多层次的平台经济与平台金融服务模式;二是多元,即金融产品与服务从单一转向综合性解决方案、一揽子支持模式;三是智能,即金融服务更加便捷、高效、无处不在,自金融发挥越来越重要的作用;四是融合,即金融与数字产业化、产业数字化的数字经济的融合更加密切,科技、产业、金融的三元动力更加突出;五是共赢,即各方参与者在资源合理配置、效益合理分配的前提下,构建共享共赢的产融生态体系;六是持续,即在坚持商业金融可持续的原则基础上,实现政策目标、科技伦理、社会责任的同步落地;七是理性,即打造健康的金融文化与观念,避免金融活动无底线、过于泛滥,充分认识金融并不是万能的。

由此,笔者认为合理的金融科技生态应该体现为"5+1"模式,即五个层次,加上环境要素。具体看,一是基础层,包括支付清算、征信系统、数据等广义的重要金融基础设施；二是技术层，主要是面向金融业需求的专业化的技术解决方案落地，更多是通用前沿技术在金融领域的应用拓展；三是业务层，聚焦更加具体的金融科技场景，探索数字化产品与服务，同时包含为了使得技术与业务的对接更顺畅所必需的各类经济鉴证类中介服务；四是客户层，通过推动宏观经济与微观主体的数字化变革，从源头上优化金融科技创新的内生动力，提高企业和居民的金融科技接受能力和水平，增加有效需求；五是监管层，即监管自身的数字化转型，从而适应被监管对象的快速迭代，尤其是充分运用金融科技创新监管工具，强化金融科技创新行为的全生命周期管理，从过去的现场监管、非现场监管为主，逐步进化到数据监管、科技监管。

最后，环境要素是指能够推动不同层级之间有效互动、推动金融科技全产业链有效运作的"润滑剂"，主要包括相关政策与规则、伦理文化等非正式制度等。2019年，国际清算银行（BIS）下设的金融稳定协会（FSI）对31个国家和地区的金融科技政策进行了比较，并提出"金融科技树"框架：树梢是金融科技行为，树干是相关的核心技术，树根则是作为支撑的政策环境。

四、以金融科技伦理建设作为抓手

在金融科技生态的构建过程中，金融科技伦理是最重要的环境要素之一，有助于实现金融科技创新的持续、健康、理性、高效。

从科技的角度来看，伦理问题一直是各方关注的焦点。2022年3月中共中央办公厅、国务院办公厅印发的《关于加强科技伦理治理的意见》，就全面梳理了这一重要问题。科技伦理是开展科学研究、技术开发等科技活动需要遵循的价值理念和行为规范，是促进科技事业健康发展的重要保障。当前，我国科技创新快速发展，面临的科技伦理挑战日益增多，科技伦理治理仍存在体制机制不健全、制度不完善、领域发展不均衡等问题，难以适应科技创新发展的现实需要。

从金融的角度来看，伦理问题也不断被强调。广义的金融伦理是指金融活动参与各方在金融交易中应遵循的道德准则和行为规范，金融机构、从业人员、社区、政府、参与者等利益相关者在金融交易与金融活动中所涉及的伦理关系、伦理意识、伦理准则和伦理活动的总和就是广义的金融伦理。

狭义的金融伦理指的是金融机构及其从业人员以及金融市场必须遵循的道德规范与行为方式，是作为主体提供各种金融服务的金融机构、金融从业人员和金融市场所应遵循的行为规范与道德准则，或者说是金融服务的供给方所体现出来的善恶行为与准则。

由此来看，无论是科技伦理还是金融伦理，都是当前经济社会发展当中的突出问题。二者叠加会带来更加复杂的变化，这就是金融科技的伦理。因为新技术会给金融带来非常复杂的影响，而金融活动与数字化、新技术的关系日益密切,所以二者的叠加会带来更加多元化的伦理挑战。

理解金融科技伦理有不同的视角,这里分六个维度简单探讨。

(一) 数据伦理

随着5G、人工智能、大数据等新技术的快速发展,数据采集、共享等方面的功能逐渐实现智慧升级,但也面临数据隐私泄露、数据非法售卖、数据产权归属不清晰等诸多数据伦理问题。

当前世界上主要国家和地区的隐私保护法律已较完备,通用数据保护法律日益完善,数据伦理建设也已启动并在逐步探索和不断发展。欧洲经济和社会委员会于2017年发布题为《大数据伦理——在欧盟政策背景下,实现大数据的经济利益与道德伦理之间的综合平衡》的报告,对大数据伦理进行了总体概括,并对与大数据相关的道德伦理问题进行了详细的总结。美国在1974年通过了《隐私法案》,对收集、使用个人数据的边界和责任作出确认,随后又出台一系列行业隐私法律。近两年伴随新技术的突飞猛进,数字化不断深入,美国在不同细分领域进一步探索数据伦理治理问题。

(二) 技术伦理

这里的技术伦理聚焦金融领域可应用的技术层面。所谓技术伦理就是强调对技术行为进行伦理导向，使得技术创新与应用的主体在相关活动过程中不仅考虑技术的可行性，而且考虑这些活动的目的，以及后果是否具有正当性，从经济学角度来讲，是指带来正的外部性还是负的外部性。

随着人脸识别、自动驾驶等技术全面渗透到人们的日常生活，因设计之初忽视安全、隐私、公平等造成的一些技术伦理问题逐渐暴露出来，引发全球性担忧与争议。人工智能、分布式技术、安全技术都存在这些方面的挑战。技术一方面改变了我们的生活，改善了经济生产方式，改变了金融活动的组织方式；另一方面使得伦理问题成为我们面临的挑战。

在新的背景下，国家更加重视如何有效合规地推动技术创新，以技术供给侧的动能进一步推动需求侧的满足与优化，由此实现金融科技发展的可持续性。在这个过程中，把握好技术的伦理原则成为未来金融科技健康发展的重中之重。

（三）人才伦理

无论是数据还是技术，最终都要落到人的身上，通过专业人才来实现相关的创新。人才伦理的研究重点包括德与才的关系、人才的道德素质、人才的道德标准、人才的道德环境、人才的道德作用。德与才的关系是人才伦理学所要处理的基本关系，"德才兼备"是人才伦理学的核心范畴。

习近平总书记2021年9月在中央人才工作会议上指出，要完善人才评价体系,加快建立以创新价值、能力、贡献为导向的人才评价体系;广大人才要继承和发扬老一辈科学家胸怀祖国、服务人民的优秀品质,心怀"国之大者",为国分忧、为国解难、为国尽责。

《金融科技发展规划(2022—2025年)》也提到,要加快金融科技人才梯队建设,建立健全在职人才培养体系,探索业务、技术人才双向交流机制,打造校企联合培养、产学研用协同攻关等合作育人新模式,加强职业操守教育,培养德才兼备的金融科技人才。

从德才兼备的角度来讲,人才伦理强调的不仅是具有专业知识,而且要有敬畏之心,有合规的底线,有向善之心,有积极创新的能动性。任何社会的发展与金融的创新都离不开人的因素,金融科技伦理首先要从金融科技人才的角度做好伦理建设。

(四)客户伦理

理解客户伦理有两个不同的视角。其中一个视角是服务客户的伦理。服务客户的伦理某种程度上与金融消费者的保护结合在一起,换句话说,在推动金融创新、提供金融服务的过程中,当你拥抱了数字化,拥抱了新技术,就会拓展出众多的新产品、新服务,会不断以供给创造需求来探索新的业务,给客户提供更丰富的金融产品。但是在这个过程中,始终不应该忘记一点,就是金融科技真正的内在价值是提升金融资源的匹配度,把合适的金融产品提供给合适的客户,而不是使部分客户享受本不该他享受的金融产品,给他造成更多的负的外部性。

另一个视角是优化客户自身的伦理,这里往往强调的还是金融消费者教育问题。从数字金融时代的需求来看,我们恰恰需要这样与时俱进的金融消费者教育。要正确认识金融活动,金融并不是让多数人"发大财",而是使客户获得相应的金融支持,以此改善客户的境遇。同时,要充分认识到金融的高风险,具备风险识别能力,这些同样也是非常重要的伦理问题。

(五)监管伦理

从监管的角度同样也要探讨伦理问题,因为金融科技伦理并不纯粹是针对监管对象,监管伦理也有不同的视角。比如,如何把握好效率与安全的"跷跷板"是全球金融监管部门共同面临的问题,因为这个"跷跷板"往往会朝一边偏,什么时候摆正考验的是监管的艺术。

此外,要把握制度规则与政策导向的平衡,监管部门最大的目标就是防范风险,尤其是防范系统性风险,促使行业健康发展。但是有时候监管部门也会承担重要的政策导向任务,一些政策选择往往是以提高风险容忍度作为前提的。所以,从监管伦理的角度需要把握这种平衡。人工智能等新技术天然存在一些黑箱,难以做到信息透明,这些问题依靠传统监管手段是解决不了的,需要监管部门通过数字化转型与效率提升来应对。

(六) 制度伦理

强调制度伦理表明我们讨论金融科技伦理不能仅仅停留在道德层面，而要落到行为规范层面，要把伦理的边界、执行方式与衡量标准梳理清楚，考虑是否要把某些公认的伦理要求从过去相对柔性的道德约束上升到强制性的制度要求。2022年人民银行等部门联合发布的《金融标准化"十四五"发展规划》提出，到2025年，与现代金融体系相适应的标准体系基本建成，其中也包含伦理标准化。相信在这一系列与金融产品、服务、主体、技术相关的标准当中，与伦理有关的标准将成为未来判断是否遵循伦理原则的重要尺度。